중 국 역 사 문 화 기 행

아이들과 발견한
중국

신사명 지음

'…수 천 킬로미터를 달려준 남편과
군소리 없이 함께해 준 아이들에게
깊은 사랑을 전하며'

| 일러두기 |

1. 이 책은 실제 중국 여행기임을 고려하여 기본적으로 중국어는 외래어 표기법에 따라 우리말로 표기하고 한자를 병기했다.

2. 이 책에 나오는 지명과 고유명사는 중국어를 우리말로 읽어 주고, 한자 및 한자음을 병기했다. 그러나 간혹 한자음으로 읽는 것이 더 자연스러울 경우 한자음과 한자를 병기했다.

3. 고대 인명과 나라명은 한자음으로 읽고 한자를 병기했다. 그러나 민국 시대 이후의 인명은 중국어 표기법에 따라 우리말로 읽어 주고 한자를 병기했다.

4. 이 책에 표기된 중국어의 우리말 발음 및 중국어 간체자, 한자음 및 번체자에 대해서는 인덱스를 참고할 수 있다.

중국 역사 문화 기행

아이들과 발견한
중국

신사명 지음

學古房

제 3 편 동쪽에서 만나는 제국의 흔적

역사 기행의 시작

가을의 깊어짐을 알리듯 선선한 바람이 불기 시작하는 베이징의 10월, 중국 국경절 연휴를 맞아 만리장성 동쪽 끝에 있는 산하이관을 갔던 것이 아이들과 함께한 중국의 첫 중소도시 여행이었다. 당시 첫째가 아랫니 두 개가 빠진 6살이었고 둘째는 걸을 수는 있지만 유모차를 타고 다녔던 3살이었고 막내는 막 돌이 지나 전적으로 엄마의 손이 필요했던 시기였다. 남편과 번갈아 가며 유모차를 끌고 지고 자는 아이를 업고 어르며, 자동차로 중국 여행이라는 힘든 여정은 시작되었다. 사진을 보면서 그때를 떠올려 본다. 고단함이 누적되어 노랗게 피로가 내려앉은 나와 남편의 지친 얼굴, 반대로 해맑게 웃고 있는 아이들의 행복한 미소가 사진 속에 고스란히 남아있었다.

중국의 중소도시를 누벼보자 했던 결정적인 계기는 첫째 딸아이의 뜻밖의 질문에 있었다. "엄마, 여기는 중국이야? 한국이야?", "엄마, 난 한국 사람이야, 중국 사람이야?", "왜 우리는 중국에 살아야 돼?"라고 묻는 첫째 딸의 난감한 질문이 시작되었다. 우리는 한국인이고 여기는 중국이라고 말해주고 나니 돌아오는 대답은 "그럼 우리는 한국 사람이니까 한국에서 살아야지. 왜 우리가 중국에 살아야 돼? 말도 안 통하고 한국보다 불편한 게 많아. 난 중국에서 살기 싫어." 설 때가 되면 한 달씩 한국에 있었던 경험을 비교해 가며 중국에 대해 거부하기 시작했다.

딸아이의 투정 같은 말들에서 우리는 중국에서의 삶을 되돌아보게 됐다. 첫째 딸아이를 3살 때 다시 중국으로 데리고 들어와 한인타운에 살면서 한국 유치원을 보내고 중국 사람보다는 한국 사람들을 더 많이 접촉하며 살아왔다. 생각해 보니 중국이 고향이 될지도 모를 아이들에게 진정한 중국을 보여줄 기회가 없었다. 나는 2002년 중국으로 유학을 와서 15년이 넘는 기간 동안 베이징에서 살았다. 그럼에도 중국에 대해 이야기를 하려니 피상적이고 진부한 말들만 떠올랐다. 중국에 대해 책으로만 공부했지 발로 직접 중국을 알아보지는 못했다는 반성이 들었다. 그래서 결정했다. 아이들과 함께 중국을 알아가고 친해지기 위한 중국 역사 기행을 떠나야겠다고.

우리는 차근차근 중국 문화와 역사에 대해 애정 어린 관심을 갖기 시작했다. 그러자 우리가 알고 있던 중국은 코끼리 다리만 만지는 격이라는 사실을 실감하게 되었다. 천안문과 이화원, 만리장성은 중국을 대표하는 빙산의 일각이라는 사실을 중국의 다른 지역 몇 군데만 가봐도 금방 알 수 있었다. 우리는 다채롭고 거대하고 웅장하며, 신비롭고 흥미롭고 비밀스러운 역사를 지닌 중국이라는 나라의 실체와 진실을 체험해 보기로 했다.

수천 년 한국과 중국이 함께 해온 오랜 역사를 알게 되고 그 현장에서 일어난 역사적 사건들을 이야기하면서 우리는 서서히 중국과 가까워져 갔다. 자세히 들여다본 중국의 속살, 알려지지 않은 중국과 한국 사이의 일화를 알게 되면서 중국의 고정관념을 한 꺼풀 벗겨 버릴 수 있었다. 한국이 중국과 얼마나 밀접한 역사적 관계를 가지고 있는지, 우리 민족은 왜 이렇게 많이 중국에 살고 있는지, 숨겨진 중국을 여행하며 우리는 한걸음 한걸음씩 중국과 친해져 갔다.

자세히 봐야 더 많이 보이고 자세히 알아야 더 가까워질 수 있는 중국, 아이들과 함께 자동차로 약 4년 동안 중국 역사의 흔적을 찾아 떠다니며 우리는 어느덧 친한 친구가 되어 있었다.

이 글은 엄마가 아이에게 들려주는 중국 역사 기행 에세이이다. 가족과 함께 중국 중소도시를 돌아보면서 그 도시의 역사와 유적을 이야기하고 그곳에서 보고 느낀 감상을 이야기로 들려주듯 써내려 갔다. 아이들이 중국에 대해 더 많이 이해하고 더 친숙해질 수 있도록 시작된 기행이므로 여행 과정의 경험을 미화하지 않고 진솔하게 쓰려고 했다.

마지막으로 책이 나오기까지 아낌없는 격려와 도움을 준 가족과 지인, 출판사 관계자 분들께 머리 숙여 진심 어린 감사와 애정의 마음을 전한다.

신사명 씀

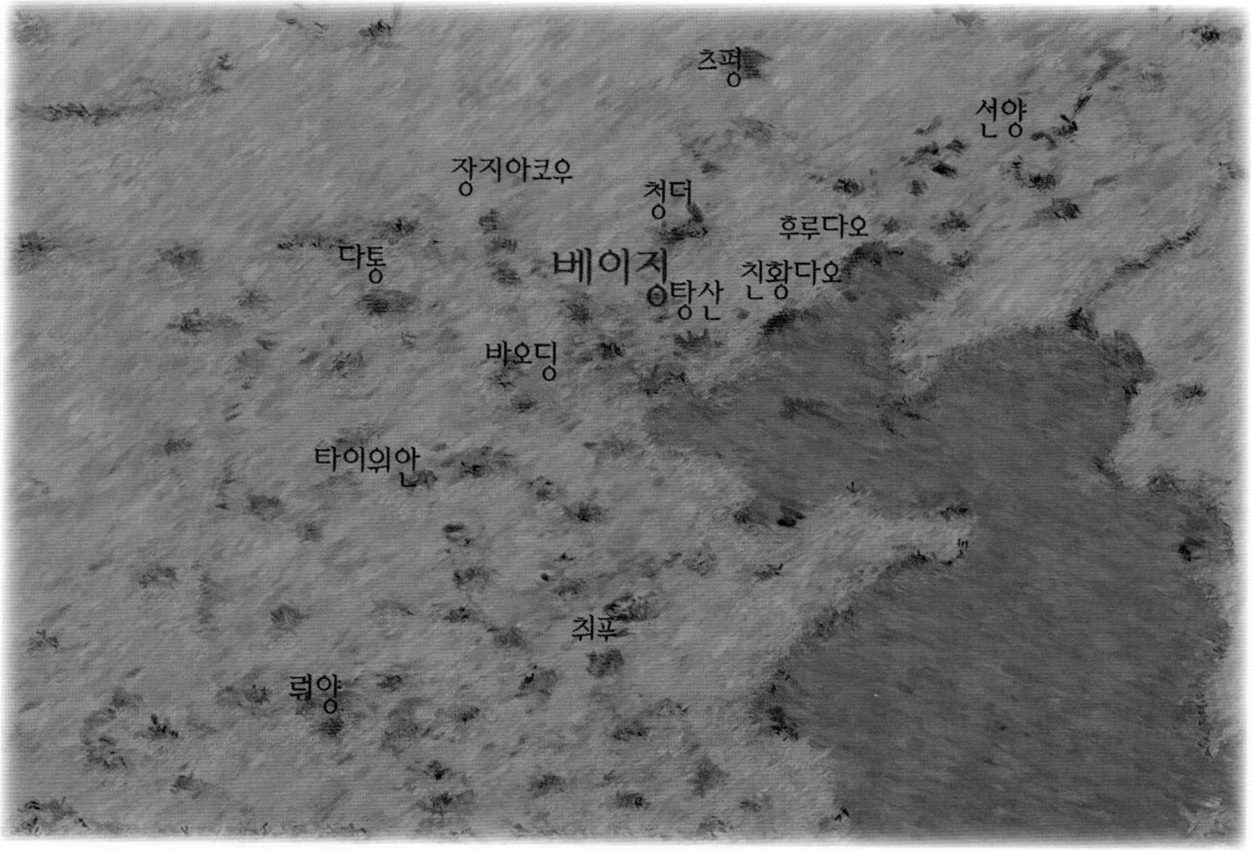
츠펑
선양
장지아코우
청더
후루다오
다퉁
베이징
탕산
친황다오
바오딩
타이위안
취푸
뤄양

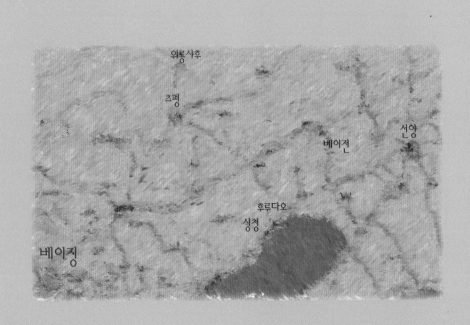

제 **1** 편

북쪽으로 펼쳐진 사막과
조선인의 기억

사막에서 찾은 기쁨
네이멍구 內蒙古 내몽고 츠펑 赤峯 적봉

베이징에서 가장 가까운 사막이 어디 있을까 찾아보다가 네이멍구의 츠펑赤峯이란 도시를 알게 됐지. 네이멍구 동남부에 위치해 있고 베이징에서 515km, 차로 약 6시간이 걸리는, 차마 가깝다고 할 수 없는 거리이기도 하구나. 서울에서 부산까지의 거리가 약 390㎞라는데, 우리나라와 비교하자니 별 의미가 없어 보인다. 사막은 텔레비전이나 사진으로밖에 본 적이 없으니, 사하라 사막이나 고비 사막이 아니어도 직접 사막을 걸어 본다는 것만으로도 기대에 부풀게 되더구나.

역사적으로 츠펑이란 곳은 중국고대 원시인류문화의 발생지로 기

원전 약 8천년 경 신석기 시대로 거슬러 올라가야 하는 아주 오래된 도시란다. 네가 요즘 한글학교에서 국사를 배우기 시작했잖아. 구석기 시대부터 인류는 도구를 이용해 오면서 어떤 도구를 생산했느냐에 따라 신석기, 청동기, 철기 시대로 발전되어 가지. 이 츠펑에서 신석기 유물부터 청동기 시대 유물까지 발견되면서 원시인류가 농경과 수렵 생활을 해 왔다는 게 증명되었어. 지금은 중국 네이멍구자치구 관할 중심도시로 약 464만 명이 산다는구나. 이곳은 면적에 비해 개발 안 된 곳이 많다 하니, 우리가 고대 유물을 발견한다거나 줍게 되는 횡재를 바란다면 허황된 걸까?

우리는 산과 산 사이로 가도 가도 끝도 없이 길게 늘어진 아스팔트 길을 따라 하염없이 달려갔지. 달려가면 갈수록 양쪽으로 늘어섰던 산들은 점점 낮은 언덕으로 변해 가더구  나. 산들이 작아지고 벌판이 등장하면서 서서히 네이멍구의 초원과 사막이 나타날 것 같은 기분이 들었단다. 그런데 특별할 것도 없는 구릉지대와 아스팔트 길의 연속이었어. 살짝 지루해지려고 했지. 하품을 늘어지게 하고 앞을 보는데 저 앞쪽 아스팔트가 빗물로 흠뻑 젖어 있지 뭐니. 하늘은 말똥말똥 한데, 난데없이 비가 내렸나 싶어서 아빠한테 빗물이 고여 있으니까 속도를 줄이라고 말했어. 그런데 아빠는 내 말을 들었는지 못 들었는지 아랑곳하지 않고 같은 속도로 달렸지. 엄마는 순간 당황해서 몸이 저절로 움츠러들었는데, 차가 그곳으로 가까이 다가가자 좀 전 눈 앞에 흠뻑 고였던 빗물이 싹 사라져 버리지 뭐니. "세상에. 뭐야. 이게!"

"이게 뭐긴, 신기루잖아." 아빠는 마치 늘 봤던 것처럼 말하더구나. 조금 더 달려가니, 또 물웅덩이가 있는 거야. 저것도 신기루? 가까이 다가가니 순식간에 또 사라졌어. 이번엔 잠든 너희들을 깨워 놓고는 또 나올지 모를 신기루를 기다렸지. '더 이상 안 나오면 어떡하지'라는 기우가 무색할 정도로 츠펑으로 가는 길은 '신기루'가 마치 우리를 환영해 주는 듯 퍼레이드처럼 펼쳐졌어. 너도 그렇겠지만 엄마도 난생 처음 육안으로 경험한 신기루라서 그 놀라움을 잊기 힘들 것 같구나.

여름의 열기가 서서히 밀고 들어오는 늦봄과 사막이라는 공간은 참 잘 어울리더구나. 파아란 하늘 위로 하얗게 흩뿌려진 구름, 그 아래 구비구비 펼쳐진 모래 사막. 상상 이상의 광경이 펼쳐졌어. 텔레비전에서 봤던 사하라 사막처럼 부르카나 차도르를 두른 중동사람들 무리

와 낙타가 줄지어 지나갈 것 같은 사막은 아니었지만, 겹겹이 쌓인
모래 등성과 하늘과 맞닿은 사막 끝 지점을 바라보자니 머리가 아찔
했단다.

　우리의 목적지는 위룽사후玉龍沙湖 모래호수였지. 목적지에 거의
도착할 때쯤 모래언덕에서 모래썰매를 타고 있는 사람들이 보였잖아.
타고 싶다는 너희들의 성화에 차를 세웠지. 그곳으로 가까이 가 보니
플라스틱 썰매를 대여해 주고 있었어. 보아하니 어느 발 빠른 상인이
플라스틱 썰매 대여비만 받고 원래 있던 모래언덕에서 무한정 모래썰
매를 타게 하는 거더구나. 자연적으로 만들어진 모래언덕에서 넘어져
다치거나 사고가 나도 누구한테 호소할 곳 없는 무허가 썰매장이었지
만 우린 신나게 모래썰매를 즐겼지. 족히 30m는 되어 보이는 언덕
위를 내려오는 기쁨을 위해 너희들은 플라스틱 썰매를 끌고 아등바등
기어올라 갔잖아. 스륵스륵 모래 위를 타고 내려오는 썰매소리가 사
막의 고요와 햇살을 가로지르며 달렸지.

모래호수

위롱사후玉龍沙湖옥롱사호

위롱사후는 이미 관광객들의 편의에 맞게 관광지로 개발이 되어 있었어. 국제생태문화관광지로 규정되어 편의시설도 갖추고 호수와 사막을 즐길 수 있도록 해 놓았더구나. 낙타 타기, 지프차 사막 트레킹, 기차 유람, 호수 유람, 일일 사막 체험코스 등 다양한 코스와 코너가 있었지. 낙타를 타볼까 했지만 사람을 태우고 뒤뚱거리며 사막을 오르는 낙타가 무척이나 힘들어 보이기도 하고 낙타 등에서 휘청거리며 앉아 있는 사람들의 모습도 위험해 보여서 우린 포기.

신발과 양말을 다 벗어 던지고 우리는 사막을 오르기 시작했지. 모래사막에서 흙먼지가 날릴까봐 전날 마트에 들려서 마스크를 잔뜩 사 왔는데 소용없는 일이 되었잖아. 바람이 휠휠 부는데도 가루분처럼 고운 모래는 전혀 흩날리지 않고 얌전히 앉아 있으니 무척 신기했지. 마치 서로 붙어 있어야 묵중한 존재감을 드러낼 수 있는 듯 말이지. 언덕을 오르며 뒷발질로 차낸 모래들도 금세 가라앉아 올라간 흔적을 삼켜 버렸지. 사막에서 뛰놀면 코와 입은 물론 온몸에 모래범벅이 되지 않을까 했는데, 전혀! 여기서 마구 뒹굴어도 되겠다 싶었지.

제일 먼저 너와 아빠가 빠른 속도로 사막 언덕을 올랐지. 엄마와 동생들은 뒤늦게 뒤쫓아 올랐지만 역부족, 언덕이 꽤 높더구나. 하늘과 맞닿은 끝이 보이지 않을 정도로 겹겹이 쌓인 모래 언덕 위를 맨발로 걷고 또 걷는 이 느낌, 뭐랄까 무한한 자유가 온몸으로 전율됨과 동시에 우주의 진공이 덮쳐오는 듯한 막막한 두려움이 감싸 오더구나. 끈기를 갖고 모래언덕 하나를 겨우 넘었는데 그 너머로 또 다른 모래언덕이 손짓을 하더구나. 하나 더 넘을 자신은 없고 잠시 쉬어 갈 양으로 그늘이 있는 곳을 찾아 자리를 잡고 앉았지. 동생들도 너와 아빠를 따라 간다고 열심히 쫓아가더니 이내 지쳤는지 내가 있는 곳으로 얌전

히 돌아오더구나. 둘은 한 켠에 자리를 잡고 어디서 주워 온 나뭇가지로 모래 구덩이도 파고 모래성도 만들면서 신나게 놀기 시작했지.

저쪽에서 한 노인이 지팡이를 끼고 걸어오더니 우리 곁으로 와 앉았지. 그 할아버지도 그늘을 찾아 쉬러 오신 듯 했어. 편하게 앉으시더니 손에 들었던 중절모를 쓰고는 노래를 흥얼거리셨지. 내 귀는 할아버지의 노랫소리에 활짝 열려 있었지만 나는 못 들은 척 애들 노는 모습만 바라보고 있었지. 너와 아빠가 모래등성이를 오르내리며 오는 모습이 보였어. 맨발로 모래 위를 걷는 게 힘이 두 배로 들 터인데 너는 잘도 뛰더구나. 동생들은 지칠 줄 모르고 모래놀이를 하고 너는 어느새 내 옆으로 와서 앉았지. 너도 아빠도 뭔가 신기하고 거룩한 무엇을 보고 온 양 밝고 맑은 얼굴로 모래언덕 너머의 이야기를 했지.

"小姑娘 , 唱一首满族歌吧。 꼬마 아가씨, 만주족 노래 한번 불러보렴"

저쪽 한 켠에 앉아 있던 중절모 노인이 너한테 말을 걸었지. 아까부터 그 노인이 너를 자꾸 본다 싶었는데 너를 중국 만주족 아이로 생각했나 보더구나. 우리의 대화 소리가 중국어는 아니었으니 소수민족이라 생각했나 보더구나. 외국인을 많이 접해 보지 않은 중국 사람들은 흔히 소수민족이나 다른 지방 사람으로 생각을 한다.

"我不会。 전 못해요"

너는 애매하게 우물쭈물 대답했지.

"你是个满族姑娘吧 , 怎么不会呢。 만주족 아이면서 왜 못 부르니?"

그 노인은 너를 만주족 아이로 생각했지. 그 많은 소수민족 중 왜 하필 만주족이라 생각을 했을까, 엄마는 궁금했단다. 몽고족도 아니고 말이지.

너는 울상을 지었지. 가뜩이나 중국학교로 전학 가고 나서 중국어 때문에 스트레스를 받고 있는 상황이었는데 만주족 노래를 부르라니. 우리는 웃지도 울지도 못하고 중절모 노인에게 무언가 표현할 길도 없었지. 한국인이라고 중절모 노인한테 말하자 노인은 알아들었는지 아닌지 알 수 없는 표정으로 더 이상 말을 잇지 않고 조용히 계시더구나. 그리곤 어느새 소리 없이 사라지셨지. 혹시 노인이 혼자 앉아 흥얼

거렸던 노래가 만주족 음악이 아니었나 싶더구나. 그 노인은 만주족인데 이제 더이상 말도 글도 남아 있지 않은 만주족의 한이 섞인 노래를 부르고 계셨던 건 아닌지, 나 혼자 상상해 본다.

내리막길은 오를 때보다 더 흥미진진했어. 굴러서 내려가고 싶은 충동을 느끼게 해 줬으니 말이다. 엎치락뒤치락 먼저 굴러가겠다며 히히덕거리는 너희들의 모습이 마치 눈 위를 뒹구는 강아지들 같았지. 저렇게 깔깔거리며 입 벌리고 뒹굴다가는 입 속으로 모래 다 들어가지. 엄마라서 낭만보다는 너희들의 안전과 건강이 걱정되더구나. 그래도 어떠랴. 어디서 저렇게 굴러 보겠니. 엄마도 맨발로 온전히 전해지는 모래의 촉감이 마치 '자유, 자유, 자유' 하는 부르짖음 같았거든. '사막'하면 고독, 삭막함, 고립, 두려움 같은 막연한 상상이 있었는데 오히려 무한한 자유와 묵중한 평온을 만끽하게 해 주더구나.

그런데 말이다. 맨발로 꾹꾹 밟아 걷던 모래 사막 사이로 아주 작게

피어난 무수한 새싹들을 발견했단다. 좀 쉴 양으로 비탈길에 주저앉아 고개를 숙였는데, 연둣빛 새싹들이 개미처럼 작은 몸으로 '나 여기 있어요. 보이나요?' 라고 부르고 있는 것 같았어. 모래알 사이로 돋아난 새싹은 당당하고 싱그러웠어. 사막 바닥에 코를 가까이 해야 볼 수 있을 정도로 자그마했지. 1센티미터도 안 되는 키였는데 가늘지만 곧게 올라온 모습을 보니, 사막에서 피어난 그 아기 새싹에게서 희망과 생명력이 온몸으로 느껴지더구나.

너른 사막 위로 작고 푸른 새싹이라니. 집으로 돌아오는 내내 신비스러움에 감탄을 금하지 못했단다. 너희들도 행여 사막 같은 세상을 만나더라도 사막의 연둣빛 새싹처럼 푸른 희망과 고귀한 생명력으로 한 세상 아름다움과 기쁨을 누리며 살았으면 좋겠구나. 신석기 시대의 유물 캐는 건 다음 기회로 미뤄야겠지.

선양으로 가는 길, 연암과의 인연

싱청 興城 흥성

베이징에서 선양까지 약 699km, 국경절 일주일을 이용해서 도전해 보기로 했지. 이번에 선양을 선택한 가장 큰 이유는 연암 박지원의 연행 루트였기 때문이야. 연암 일행은 1870년 건륭乾隆황제의 칠순잔치 축하연에 참석하기 위해 압록강을 건너 선양瀋陽심양, 베이전北鎮북진, 닝위안청寧遠城영원성, 산하이관山海關산해관을 통해 베이징으로 들어왔지.

우리는 베이징에서 출발하기 때문에 그 루트를 반대로 거슬러 올라가게 돼. 지도를 펼쳐 연행 루트 지점들을 체크해 보니 이미 산하이관과 러허熱河열허는 다녀왔고, 이번에 방문할 닝위안청과 베이전먀오北鎮廟북진묘가 있는 베이전, 선양구궁이 있는 선양까지 동그라미를 그리니 압록강만 건너지 못했을 뿐 연암의 발자취를 모두 따라가 보았더구나. 압록강 횡단은 쉽진 않겠지만 머지않은 미래에 가능하지 않을까 예측해 본다.

3년 전쯤이었지. 베이징한국국제학교 국어 선생님의 연암 답사 프로젝트 트립에 동행한 후 연암 연행길 답사는 우리 가족의 여행 숙제처럼 남아 있었어. 이번 자동차여행으로 숙제 완수의 기쁨도 누릴 수 있게 되었구나. 우리의 목적은 연암 답사도 있지만 선양에 북릉과 서탑거리, 난관성당, 장쉐량張學良장학량 생가도 가 볼 예정이고 돌아오는 길에 후루다오葫蘆島호로도 해변에서 놀 계획도 있으니 지루한 역사 기행이라고 생각하지 않았으면 좋겠구나.

한 가지 더, 선양은 연암과의 인연이 있기 전, 인조조선16대 왕의 맏아들 소현세자昭顯世子가 병자호란1636년으로 인해 청나라의 인질로 그의 동생과 50만 명의 조선유민들이 함께 끌려온 곳이기도 해. 악연도 인연이라고 이 이야기는 선양구궁에 도착하면 다시 하기로 하자.

싱청구청興城古城흥성고성

영원성으로 알고 있는 닝위안청寧遠城영원성은 현재 싱청興城구청으로 명칭이 바뀌었고 중국에서 가장 잘 보존된 명대明代의 4개 고성 중 하나란다. 어슴푸레한 늦은 오후에 도착한 싱청시는 아직 도시화되지 않은 작은 마을이었지. 고성을 중심으로 안팎에는 재래시장과

싱청구청 내 상점

조가패루

상점들이 즐비해 있었고 관광객과 현지 주민들이 비슷한 비율로 오가
며 소란스런 아우성으로 성벽을 울리고 있었어.

우리는 서문을 통해 들어갔지. 싱청구청은 문 입구에 반원형의 옹
성이 축조되어 있는 게 특징이더구나. 성 안은 관광객을 반기는 상점
들도 많았지만 대부분 현지 주민들의 생활상을 엿볼 수 있는 식용품
가게나 생활용품 상점들이 오밀조밀 자리하고 있었어. 우리는 답사
목표물인 조가패루祖家牌樓를 보기 위해 남문 쪽으로 향해 걸었지. 길
양쪽으로 상점들은 즐비해 있었고 많은 관광객들은 같은 방향을 향해

걷고 있었지. 상점을 구경할 여유도 없이 우리는 관광객들의 무리에 떠밀리다시피 물결을 이뤄 목적지를 향해 걸어갔지.

늦게 도착한 탓에 날은 점점 어둑해지고 시야도 좁아지는 사이, 조가패루가 눈에 들어오더구나. 조가祖家는 말 그대로 조씨 집안을 뜻하고, 패루牌樓는 큰 길을 가로질러 세운 돌로 만든 문이란다. 명나라 군사였던 조대수祖大壽와 사촌 동생 조대락祖大樂이 청나라 홍타이지에 맞서 저항했던 항전의 기념으로 세운 패루인데, 우뚝 서 있는 두 개의 조가패루를 보고 연암은 다음과 같은 비판적인 소감을 남겼더구나.

> 지금 패루들은 우뚝 솟아 있지만 은나라 때부터 내려온 조씨 집안 장수로서의 명성은 무너지고 후세 사람들의 웃음거리가 될 뿐이니, 패루가 무슨 소용이 있으랴. (『열하일기』일신수필 7월 19일)

사실 조씨 형제는 청나라에 맹렬하게 대항하며 사투를 벌이지만 군사들의 식량 부족으로 청에 항복하고 조대수는 청나라 홍타이지의 회유로 귀순, 사촌 동생 조대락은 포로가 된단다. 결국 연암의 뜻은 청나라에 항복한 장수들의 치욕이 남아 있는 지금, 경축을 기르는 이 패루가 무슨 의미가 있겠냐는 것이겠지.

날이 거의 저물었어. 우리는 차를 주차해 둔 서문으로 가야 했지. 저녁 6시가 되자 주인들은 황급히 상점 문을 닫기 시작했어. 성문 안팎으로 걸어 다니는 관광객들과 오토바이, 삼륜 모터차들은 분주하게 들락날락하며 재빠르게 이동하고 있었어. 남문

싱청구청 서문

싱청구청 남문

의 윤곽을 훤히 드러나게 장식한 전구들은 오렌지 불빛으로 환하게 반짝거렸고 우리가 걷는 골목길은 점점 어둑어둑해져 갔지.

　성 안쪽은 여러 집들의 담벼락이 골목으로 이어져 바둑판처럼 동서남북으로 길이 나 있었어. 생각보다 성 안에 거주하는 사람들이 많다는 걸 느낄 수 있었지. 간혹 그림자처럼 서 있는 중국 노인들은 우리를 경계하듯 물끄러미 쳐다보고 있었지. 그들은 그림자만 봐도 낯선 사람들이란 걸 알 수 있다는 듯이 우리를 바라봤지.

　시멘트 담벼락과 굴뚝, 길목에 서 있는 전봇대, 흙길과 돌길이 어우러져 어렴풋이 엄마가 아주 어릴 적 살았던 서울 변두리 동네 구파발 같다는 느낌이 들었지. 굴뚝에서 나오는 하얀 연기와 푸른 저녁의 냄새가 뒤섞여 어릴 적 유년의 기억을 떠오르게 하더구나. 아빠가 대장이 되어 맨 앞에 서고 너와 둘째, 막내와 엄마가 일렬로 서서 어둠을 헤치며 걷다 보니 어느새 서문에 다다랐지. 그 많던 사람들은 어디로 갔는지 낮 동안의 분주함은 모두 사라지고 어두운 고요와 적막만이 성문 주변을 맴돌고 있더구나.

웃고 있는 돌 사자
베이전北鎮북진

우리는 싱청구청에서 곧바로 진저우錦州금주로 향했다. 말이 부쩍 많아진 막내는 차로 이동할 때마다 물었지. "우리 어디 가? 호텔 가?" 호텔을 가야 밥도 먹고 수영도 할 수 있으니 호텔로 간다면 "예~!"라고 환호를 지르며 어깨를 들썩거리고, "유적지 보러 갈 거야." 하면 '이잉이잉…' 거리며 얼굴을 잔뜩 찌푸리고 시무룩한 표정을 짓고는 했지. 그래도 떼를 쓴다거나 가기 싫다거나 힘들다거나 지쳐 하지 않고 씩씩하게 따라오니 엄마로서는 어찌나 대견스럽고 신통한지. 걷기 시작하면서부터 유모차를 거의 타려고 하지 않았던 걸 보면 그 가느다란 두 다리가 엄마의 통뼈를 닮은 게 아닌가 싶구나.

지금은 베이전北鎮이지만 연암이 왔을 당시에는 광닝廣寧광녕이라는 지명을 썼단다. 연암은 이곳에서 충싱쓰崇興寺숭흥사 쌍탑과 베이

베이전먀오에서 본 전경

전먀오北鎭廟북진묘 그리고 이성량의 패루를 보게 된단다. 우리도 연암이 밟은 그대로 베이전먀오와 충싱쓰崇興寺 쌍탑을 보고 나서, 광닝청廣寧城광녕성 시내 시장거리에 세워진 이성량 패루로 갔지.

　호텔에서 한 시간 가량 차를 타고 베이전먀오에 도착하자 너희들은 화장실이 급하다고들 성화였지. 주차를 초입에 하는 바람에 베이전먀오까지 꽤 걸어 들어 갔어. 걷는 동안 화장실은 보이지 않았고 너희들은 쉼 없이 화장실을 찾았지. 여차하면 나무 뒤에서 볼일을 보게 하고 싶은 마음이 굴뚝 같았지만 관광객의 추태를 보이면 안 된다는 나름의 룰을 지켜야 했으므로 동동거리는 너희들을 끌고 갔지.

　베이전먀오 입구 관리인을 보자마자 화장실이 어디냐고 물었더니 입장한 후 오른쪽으로 가라 했어. 입장권을 서둘러 사고 들어갔지. 국경절이었는데 이곳은 퍽이나 사람들이 없더구나. 관리인의 말대로 입구로 들어가서 바로 오른쪽을 향해 걸으면서 화장실을 찾았지. 하지만 화장실 표시도 없었고 화장실로 보이는 건물도 없었어. 난감해하며 우리는 작은 문을 통과해 대략 계속 걸어갔지. 외진 구석에 지어진 작은 건물 하나가 화장실일 거라 추측하고 갔더니 다행히도 맞았지.

서둘러 화장실에 들어간 우리는 화들짝 놀랐지. 요즘 웬만해서는 관광지에 푸세식 화장실은 거의 찾아보기 힘들거든. 그런데 여기는 엄마가 1994년 학생 때 중국어 단기연수를 하러 왔던 그 옛날의 화장실 형태 그대로였지. 문은 있지만 열고 들어가면 칸막이가 없어서 옆사람과 인사하면서 일을 봐야 하는 구조. 너도 봤으니 두말하지 않겠다. 막내가 발이라도 헛디딜까 엄마는 막내 겨드랑이를 꼭 붙들고 주의를 주며 지독한 냄새를 맡아야 했지. 여과 없이 푸세식 내부를 눈으

베이전먀오 패루

베이전먀오 정전   베이전먀오 내부

로 보고 코로 맡고 귀로 들으니, 옛날에 여행하면서 화장실 때문에
고역을 치렀던 그때가 스멀스멀 떠오르더구나. 일을 마친 우리는 사
원으로 향했지. 이제야 주변이 보이기 시작하더구나. 가을 햇살은 부
스럭거리며 아직 수리 중인 사원 곳곳을 내리쬐고 있었지.

베이전먀오는 역대 황제들이 신에게 제사를 지냈던 도교사원이야.
594년 수나라 때 전산鎭山진산: 나라를 지켜주는 주산으로 정해 제사를 지내
던 신성한 산이 청나라 때에는 이우뤼산으로 불리면서 건륭황제가 베이
전먀오를 이우뤼산醫巫閭山의무려산으로 봉하고 그곳에서 하늘에 제사
를 지냈단다. 원래 전국 동, 서, 남, 북 네 방향으로 다섯 곳의 산을
5대 진산으로 봉하여 제사를 지냈는데 지금은 베이전먀오만 남았다
고 하는구나.

베이전먀오는 이우뤼산의 팔경 중 하나였지만 신해혁명을 거치면
서 오랫동안 보호를 받지 못해 훼손이 되었다고 한다. 그래서 지금
은 사원과 비석을 복원하려는지 수리 중인 곳이 많았어. 신에게 제사
의식을 거행했던 사원이니만큼 역대 황제들이 썼던 비석들이 곳곳에
많이 있었지. 원나라 때부터 해서 이곳에 모두 56개의 비석이 있다는

구나. 강희황제와 옹정황제가 직접 글을 짓고 쓴 비석이 있다고 연암의 글에는 나와 있는데 엄마 아빠는 두 황제들이 썼다는 비석을 찾지 못했어. 대신 건륭황제가 직접 썼다는 비석은 여러 개 눈으로 직접 확인했단다.

주변에 사람도 없고 한적해서 천천히 산책하듯 사진도 찍으며 초록

△베이전먀오 비석과 시내 광경 ▽베이전먀오 비석

색 지붕으로 된 정전正殿까지 걸어 들어갔지. 너희들은 걷기보다는 뛰어 다녔고 말이야. 사원이나 비석 따위에는 관심도 없던 둘째는 엉뚱하게 "엄마 이곳은 내가 좋아하는 곳이야." 하더구나. 왜냐고 물었더니 "여긴 벌레들의 왕국이야. 봐봐." 해서 봤더니 정말로 각종 풀벌레들이 땅바닥과 사원의 붉은 기둥에 깨알같이 붙어 있었지.

어머나 세상에, 가장 도드라지게 많았던 건 무당벌레였어. 둘째는 이름도 모르는 벌레들을 요리조리 뜯어보며 손으로 잡더니 페트병에 담아 간다며 남아 있던 물을 빨리 마시라고 재촉했지. 나도 벌레들에

베이전먀오 무당벌레

게 눈길을 돌리기 시작하자 한 마리, 두 마리, 서너 마리씩 포착되더니 이내 벽이며 기둥, 돌 바닥에 붙은 벌레들이 한 무더기 떼로 보이기 시작하더구나. 급기야 무당벌레들은 떼를 지어 우리를 공격해 왔지. 좋다고 벌레 잡기 바쁜 둘째도 무당벌레들이 머리와 팔, 목, 다리 구분 않고 달라붙는 바람에 "도망 가자!" 소리를 지르며 그곳을 빠져 나왔지. 재미있는 건 이 무당벌레 떼를 선양의 베이링北陵북릉에서도 만났다는 거야. 그곳엔 더 많은 무당벌레들이 무덤 입구를 봉쇄하고 있었잖니. 마치 무덤을 지키는 병사들처럼.

우리가 연암 때문에 이곳까지 왔으니 연암 선생의 말씀을 들어봐야겠지.

베이전먀오는 연암이 <북진묘기北鎭廟記>라는 글을 별도로 썼을 만큼 관심이 많았던 곳이란다. 베이전먀오에서 바라본 광닝청廣寧城광녕성의 풍경을 연암은 다음과 같이 썼어.

"북진묘는 의무려산 아래 있다. 수많은 의무려산 봉우리들이 마치 병풍을 둘러친 듯 에워싸고 있다. 앞으로는 요동 벌판이 펼쳐지고, 오른쪽으로는 푸른 바다가 두르고 있으며, 광녕성을 무릎 앞에 어루만지고 있다. 광녕성의 수많은 집에서 나오는 푸른 연기가 하나의 띠를 만들어 감돌고, 층탑 한 쌍은 허옇게 솟아있다."

이 글귀를 읽고 엄마도 베이전먀오 입구에 서서 전경을 바라보니 사면으로 끝도 안 보이게 펼쳐진 녹색 벌판의 광활함 때문에 숨이 막히더구나. 연암이 이곳에서 바라봤다던 '층탑 한 쌍'은 우리가 이제 보러 갈 충싱쓰崇興寺숭흥사 쌍탑을 가리키는데 이곳에서는 눈을 씻고 찾아봐도 보이지가 않더구나. 돌아가는 길에 베이전먀오 입구에 웅장하게 세워져 있는 패루의 돌 사자들을 확인했지. 이곳의 돌 사자들은

베이전먀오 웃는 사자상

충싱쓰 쌍탑

양쪽 입 끝이 위로 쭈욱 올라가 웃고 있었지. 이렇게 큰 입을 드러내며 웃고 있는 돌 사자는 처음 보는구나.

우리는 베이전먀오를 나와 쌍탑을 보러 충싱쓰로 향했지. 연암이 들렀던 곳이라서 왔지만 이곳 또한 우리밖에 없는 걸 보니 관광지로서 잘 알려진 곳은 아닌 것 같더구나. 관광객이 없으니까 오히려 이곳이 숨겨진 보물 같아 보였어. 자그마한 절 입구 양쪽에 우뚝 솟은 거대한 두 개의 탑이 있을 뿐이었지. 요나라 때 지어진 불탑으로 각각 43m, 42m의 높이에 8각형에다가 13층으로 되어 있었는데 보존상태가 완벽해 보였어. 연암은 이 쌍탑을 보고 '공중에 솟아 있다'라고 했는데 그 높이에 감탄을 하신 거겠지.

입구에 붙은 소개 표지판에서 동서 방향으로 서 있는 두 탑의 사이도 탑 높이만큼 43m 떨어져 있다는 설명을 보고 뭔가 과학적 설계가 더해진 것일까, 궁금했지만 물어볼 사람이 없었단다. 입구에 앉아 있던 중년의 관리인 두 명은 들어갈 때도 화기애애하게 이야기를 나누고 있었는데 여전히 미소 가득 즐겁게 담소를 나누고 있더구나. 매표도 필요 없는 한적한 유적지의 문지기로 과거를 구경하러 온 사람들을 지켜보며 이웃과 담소를 나누는 그들의 표정에서 지루한 평화와 소소한 행복이 보였단다.

조선인 후손의 패루와 핫도그 집
이성량李成樑 패루

   연암의 마지막 발자취를 찾으러 광닝청廣寧城광녕성의 시장통을 헤맸지. 시끌벅적한 시장 안은 시장 사람들의 활기로 들썩거렸어. 연암도 광닝청을 '사람이 떼를 지어 말을 둘러싸는 바람에 나아갈 수 없을 지경이었다'고 그 번화함을 표현한 그대로더구나.

   이곳은 성문 안으로 들어오는 순간부터 길거리에 과일과 야채 등을 펼쳐 놓고 장사를 하는 노점상들과 행인들 때문에 지나가기도 다소 불편했다. 조금 걸어 들어가니 양쪽으로 상점들이 즐비해 있었고 상점 밖으로 내놓은 스피커에는 호객을 위해 미리 녹음된 멘트들과 음악들로 고성을 지르고 있었어. 시장의 활기보다는 거리의 소음들이 서로 싸우듯 시끄럽기 이를 데 없었지. 그 사이로 아무렇지도 않게 서 있는 이성량 패루가 보였다. 숲 속에서 보물찾기 쪽지를 찾은 양 반갑게 "저거 아니야?" 라며 소리를 질렀구나.

   이성량이라는 인물은 명나라 말기 요동지방에서 여진을 격퇴한 명나라 장수인데 중요한

광닝청 재래시장

이성량 패루

건 명나라 초기에 중국인으로 귀화한 조선인 이영李英의 후손이라는
점이다. 이성량에 대해 좀 더 알아보니 그의 아들 이여송李如鬆이 우
리나라 임진왜란 때 명에서 총사령관으로 파병되어 조선을 도왔다는
사실도 나오더구나. 패루까지 멋지게 세워진 것을 보면 그의 공적이
명에서도 크게 인정을 받았다는 증거겠구나.

　우리는 이성량의 패루 앞에서 늠름하게 사진 몇 장을 찍었지. 저녁
때가 되자 너희들은 번갈아 가며 배가 고프다며 슬슬 늘어지기 시작
했지. 그래서 양쪽으로 즐비한 상점을 매와 같은 눈으로 점검해 봤지.
바로 시선을 멈추게 한 간판은 '명랑 핫도그'라고 쓰여진 한글 간판이
었어. 이런 작은 시골 마을에 한글 간판이라니! 우리의 동공은 커지면
서 의구심에 찬 눈빛으로 변했지. 어설픈 한글 간판이 아니었기 때문
에 기대 반, 의심 반으로 가게 안으로 들어갔지.

큰 간판에 비해 내부는 협소했고 전혀 핫도그 집 같지 않았지. 서너 평 되는 공간에 계산대가 중앙에, 그 아래 책꽂이가 있고 왼쪽 벽면에는 사람들이 방문했다고 인증 메모를 남긴 포스트잇들이 가득했어. 책꽂이에 경영 관련된 책이 많이 꽂혀 있는 걸 보니 주인장이 그쪽 관련 공부를 했거나 관심이 많은 것 같았어. 오른쪽 벽 쪽에는 가정집에 있을 법한 단조로운 소파와 낮은 테이블이 있었지. 전혀 핫도그집 같지 않은 인테리어라서 조금 수상쩍었어. 부엌으로 보이는 곳은 계산대 뒤에 미닫이를 이용해 은밀하게 가려 놓았지. 주인장은 20대 중반 정도로 보이는 젊은 청년 창업가 같았어.

우리가 들어갔을 때 그는 우리보다 앞서 와 있던 고등학생으로 보이는 여학생한테 한참 일장연설을 하고 있었지. 무슨 얘기를 저렇게 열정적으로 하고 있나 싶어서 귀를 기울여 봤어. 소파에 앉아 핫도그를 먹고 있는 여학생한테 '앉는 자세가 바르지 못하다, 그렇게 목을 빼고 있으면 척추에 좋지 않으며 다리를 꼬고 앉으면 골반이 바르지 못해 걷는 자세도 불편해진다, 지금 공부가 힘들어도 열심히 해야 한다' 등의 잔소리였지. 엄마는 둘이 잘 아는 사이인가 싶어 슬쩍슬쩍 눈치를 살폈어. 그 여학생은 귓등으로 듣는 둥 마는 둥 하면서도 주인장 청년이 하는 말에 간혹 고개도 끄덕이고 대응도 하면서 핫도그를 맛있게 먹고만 있더구나. 잠시 후 여학생의 엄마가 와서 부르니 그녀는 바로 자리를 떴지. 결과적으로 그들은 일면식도 없는 주인과 손님 사이였더구나. 엄마는 이집 주인장이 삶에 대한 패기와 의기, 열정이 가득 찬 청년이 아닐까 라는 생각이 들었단다.

그제서야 주인장은 두리번거리는 우리에게 시선을 돌려 메뉴판을 건넸지. 정말 한참을 기다렸잖니. 한 장으로 코팅된 메뉴판에는 대여

명랑 핫도그

섯 종류의 핫도그가 있었어. 그 외 음료도 가득했지. 아빠는 호텔로 돌아가면 저녁을 먹을 테고 요기나 하자며 하나만 시켜 먹자고 했어. 하나만 시켜 누구 코에 붙일까 엄마는 불만족스러웠지. 더군다나 하나에 8위안밖에 안 되는데 저 주인장 청년이 아이들을 우르르 데리고 들어와 겨우 하나만 시키면 실망하지 않을까 미안쩍은 마음이 들었어. 엄마는 "애들 하나씩 시켜 주자." 했더니 아빠는 "맛이 없어서 버리게 되면 그게 더 안 좋지." 했다. 아빠가 음식 선택에 관해서는 독보적 권한을 가졌기에 엄마는 암말 않고 가장 기본이 되는 튀김 핫도그 하나를 시켰지.

금방 나올 줄 알았던 핫도그는 주인장 청년이 부엌에 들어간 후 꽤 오랜 시간이 지나도 나오지 않았어. 살짝 열린 부엌의 미닫이 문틈으로는 연구실처럼 은색으로 반짝이는 크고 작은 기계들이 있었고 연구에 골몰하는 듯한 주인장 청년의 등이 보였지. 10분이 다 되어 종이 받침에 나온 따끈따끈한 핫도그는 크기도 크고 머스터드 소스와 케첩이 지그재그로 둘러져 제법 전문성이 느껴졌다. 과연 맛도 훌륭했어. 바싹 튀긴 겉은 아삭하고 속은 부드러웠으며 중앙에 꽂힌 두툼한 소시지는 중국 소시지의 특유의 향도 없고 부드럽게 씹히는 식감이 한국 소시지 같았지. 한국에 가서 기술을 배워 왔을까 하는 의구심도 들 정도였지.

핫도그 하나를 세 명이 야무지게 나눠 먹는 모습을 보며 부족하다는 생각에 엄마는 아빠를 흘겨봤지. 또 시키면 시간이 너무 지체되어 안 될 것 같아 아쉬움을 남기고 '명랑 핫도그'와는 이별을 했다. 그 와중에 막내는 포스트잇에 자기 이름을 남기고 벽면의 중앙에 붙이고 나오더구나. 주인장 청년은 무심한 듯 우리의 인사를 받고는 계산대 옆에 있던 책을 펼치더구나. 늦은 오후, 거리에 사람들도 별로 없었으니 찾는 손님도 많이 없었겠지. 그 청년의 사업이 성공하길 바라며 다음에 또 이성량 패루를 보러 오게 되면 '명랑 핫도그'의 다른 맛 핫도그를 꼭 먹어야겠다는 마음을 먹었단다.

돌아오는 길에 재래시장을 한 바퀴 돌았는데 솔솔 풍기는 냄새에 출출한 배를 참지 못하고 찐 옥수수, 배, 군고구마를 샀지. 아주머니는 줄 저울을 이용해 군고구마 두 개를 올리고 무게를 다시더구나. 이

군고구마 줄저울

모습을 보니 10여 년 전 베이징에서도 겨울이면 아파트 단지 입구에서 초록색 두터운 인민복을 입고 목장갑을 끼고 저런 줄저울로 고구마를 팔던 아저씨들이 떠올랐다. 지금 베이징에서는 전혀 찾아 볼 수 없는 추억의 한 장면이 되어 버렸지. 그다지 크지 않은 재래시장이었지만 퇴근 길에 장을 보는 사람들로 붐비며 파닥거리는 신선한 생선만큼이나 싱싱한 활기로 떠들썩했지. 날은 저물었고 우리는 호텔로 향했다.

청나라의 첫 수도
선양 瀋陽 심양

아침 일찍 베이전北鎮에서 출발을 했지만 12시가 다 되어 선양에 도착했지. 점심을 먹을 시간이었지만 오늘 계획대로 베이링北陵북릉 혹은 둥링東陵동릉, 시타西塔서탑거리, 선양구궁瀋陽故宮심양고궁, 난관南關남관성당까지 가려면 점심은 좀 미뤄야 했지. 엄마 아빠는 사실 둥링을 가고 싶었지만 거리가 너무 먼 관계로 베이링으로 낙찰, 점심을 먹으러 시타거리를 갔다가 주변 구경 후 선양구궁을 가기로 했단다. 그리고 시간 여유가 생기면 선양 난관성당을 가 보기로 했지. 귤과 쥐포 등 미리 챙겨 온 간식거리로 요기를 하고 선양 시내 도로를 가로질러 베이링으로 향했다.

인구 820만 명이 넘는 선양은 동북지역의 중심 도시로 불릴 만큼 번화하고 복잡했다. 선양을 베이징 주변의 여느 중소도시쯤으로 생각했던 엄마는 도시 규모와 대형 건축물들을 보고 하품을 늘어지게 했다. 도로 양변으로 끝도 없이 이어지는 건물들은 베이징의 3환이나 4환 도로변 모습과 별반 다르지 않았단다. 베이징처럼 거대한 건물과 높은 아파트들이 빼곡히 들어선 이미 발전된 도시의 모습을 볼 수 있었지.

특히 선양은 다른 지역과 다르게 한인타운이 있고 조선족과 북한 사람들이 많이 산다는 점이 특별했지. 한국인은 약 2만, 조선족은 약 8만 정도 있다고 하니, 조선족이나 한국인 거주 비율이 꽤 높더구나. 그래서 그런지 여기도 베이징의 왕징 한인촌 못지 않게 한글 간판이나 한식 음식점들을 쉽게 찾아볼 수 있었어.

베이링北陵북릉공원

배는 출출했지만 먼저 베이링을 신속히 관람하고 시타西塔서탑거리에 있는 북한식당에서 점심을 먹기로 했지. 베이링은 청의 두 번째 황제 홍타이지의 능이란다. 예전에 칭시링清西陵과 칭둥링清東陵을 가본 경험이 있으니 청나라 황제들의 무덤 형태나 양식이 좀 익숙하게 느껴지지?

베이링은 공원이라 불리는 것처럼 으스스한 무덤 같은 분위기가 아니라 많은 사람들이 휴식을 취하고 편하게 거닐 수 있는 곳이었지. 하늘은 맑았고 새털처럼 하얀 구름은 하늘거리며 흘러가고 있었어. 따뜻한 햇살을 맞으며 걸어가던 우리를 뒷걸음질 치게 만든 건 무덤 입구를 지키던 무당벌레 떼였지. 선양 오는 길에 들렀던 베이전먀오北鎮廟의 무당벌레 떼와는 비교도 안 될 정도로 수백 배는 많아 보였어. 새끼 손톱만한 무당벌레한테서 신변의 위협을 느껴 보기는 처음이구나.

베이링 무당벌레

벽면에 새까맣게 늘어 붙은 무당벌레들은 순간이동을 하듯 날아들면서 능 입구를 드나드는 관광객을 놀려먹고 있었지. 사람들은 달라 붙으려는 무당벌레를 양손을 위아래로 휘휘 저으며 막으려 했고 두 다리는 '나 살려라' 쏜살같이 달려가는 모양새가 마치 코미디 무성영화 보는 듯 재미있었지. 우리도 그들과 마찬가지로 팔다리를 춤추듯

베이링 전경

흔들거리며 능 입구를 통과해야만 했지. 얼굴, 목덜미, 손등을 향해 무자비하게 공격해 들어오던 무당벌레는 마치 무덤을 지키는 병사들 같더구나.

홍타이지 능에 왔으니 홍타이지에 대해 좀 알아야겠지? 홍타이지는 청나라의 1대 황제 누르하치의 여덟 번째 아들이자 나라의 기반을 확립한 청나라의 두 번째 황제란다. 우리나라의 입장에선 치욕의 역사라 볼 수 있는 병자호란1636년의 중심에 섰던 황제이기도 하지. <남한산성>이라는 책 제목을 기억하니? 그보다는 집에서 함께 봤던 <남한산성> 영화가 더 인상이 있을지도 모르겠구나. 그 <남한산성>이 바로 병자호란의 이야기란다.

병자호란의 배경은 이러해. 친명정책을 취하는 조선을 견제하기 위해 홍타이지는 조선에게 몇 가지 요구사항을 강요하지. 인조가 이를 계속 묵살하자 분개한 홍타이지는 눈 내리는 12월 추운 겨울, 10만 대군을 이끌고 압록강을 건너 조선을 쳐들어오게 된단다. 피신을 미리 하지 못한 인조는 남한산성으로 들어가게 되고, 청나라 군에 의해 포위된 남한산성은 완전히 고립되게 되지. 혹독한 추위는 계속되고 군사들의 추위와 굶주림은 견딜 수 없을 지경이 된단다.

이러한 상황이 되자 백성을 위해 항복을 하자는 이조판서 최명길과 끝까지 맞서 싸우자는 예조판서 김상헌의 첨예한 대립이 시작되지. 깊은 번민에 떨고 있던 인조는 순간의 치욕을 선택하게 되는데 이를 '삼전도의 굴욕'이라고 부른단다. 인조가 삼전도에 가서 홍타이지에게 무릎을 꿇고 항복을 하게 되는데 그때 영화에서 인조의 깨진 이마를 보며 엄마의 눈에도 눈물이 주르륵 흘러내리더구나. 기회가 된다면 책도 한번 읽어 보길 권한다. 엄마는 네가 병자호란의 치욕을 기억하며 억울함과 분노를 품기보다는 우리는 왜 전쟁을 해야 하고, 다시는 그렇게 되지 않기 위해서는 어떻게 해야 하는지를 고민할 수 있기를 바란다.

우리는 송림으로 에워싼 능묘와 방성方城을 한 바퀴 돌면서 베이링 전경을 볼 수 있었지. 황금색 지붕과 붉은색 건물이 녹색 나무들과 아름답게 어우러져 있었어. 나오는 길에 밀짚모자를 쓰고 흰 수염과 흰 머리를 기른 노인이 그림을 그리고 있었잖아. 그림 그리는 노인을 보며 엄마는 미래의 아빠 모습을 살짝 떠올려 봤단다. 아빠는 지금 취미로 열심히 그림을 배우고 있잖니. 언젠가 말했듯 나이가 들면 여행하면서 그림을 그리며 살면 좋겠다고, 저런 모습이려나?

베이링 출구에 있던 그림 할아버지

한국인과 북한 사람 그리고 조선족
시타西塔서탑거리

우리는 베이링에서 주린 배를 달래 가며 서둘러 점심을 먹으러 한국 음식점이 많다는 시타거리로 향했지. 시타西塔서탑는 청나라 태종때 호국안민의 상징으로 동서남북에 하나씩 만들었던 탑 중 하나인데 당시 지었던 시타는 심하게 훼손되어 철거되었다는구나. 우리는 근처에 도착해서 적당히 주차할 곳을 찾는데 이미 인도까지 주차된 차들로 가득했지. 마침 도로변에 차 한 대가 나가길래 주차하려고 하자한 사람이 나타나 주차하면 안 된다고 했지. 식당에 가려 한다고 하니어디냐고 묻길래 아빠는 잠시 머뭇거리다가 한눈에 들어온 커다란간판 하나를 가리켰어. 인공기를 대문짝만하게 붙여 놓은 바로 '평양무지개'라는 북한 음식점이었지.

그 사람은 음식점 입구를 가리키며 저 사람한테 얘기하라 했어. 식당 입구에 서 있던 사람은 개량 한복 스타일의 치마와 분홍 저고리를예쁘게 차려 입은 북한 종업원이었지. 아빠가 차에서 내려 주차해도되느냐고 묻자 살짝 곤란한 표정을 짓고 잠시 생각하더니 교통경찰이오면 알려줄 테니 들어가라고 했지. 어렵사리 주차를 하고 안내를 받아 2층으로 올라갔어.

이곳은 식당이라고 하기보다는 옛날식 다방 같은 분위기였어. 점심시간이 한참 지난 시간이라 식사하는 손님은 우리밖에 없었지. 두 차례 서너 명의 손님들이 들어왔는데 모두 북한 사람들이었잖아. 잠깐차를 마시러 들어와 사업이야기를 하는지 그들의 목소리가 귀에 쏙쏙들어왔어. 무역에 관한 이야기였던 것 같은데 잘 이해하지는 못했지.

평양 무지개 식당

베이징에서는 음식점 종업원 외에 북한 사람들을 볼 기회가 없었는데, 선양에는 일반 사업가처럼 보이는 평범한 북한 사람들이 꽤 많이 있다는 느낌을 받았단다. 그들의 말이나 행동이 어찌나 자연스러운지 북한 사람을 보면 괜히 경계했었던 엄마의 마음이 사르르 풀어지는 기분이 들더구나. 우린 평양냉면과 김치 세트, 명태조림을 싹싹 비우고 시타거리 구경을 나섰지.

거리 곳곳에 한국어 간판들이 눈에 띄었고 한인 거리 같은 번화함은 베이징의 왕징보다 더 활기가 있어 보였단다. 지금 왕징은 이전보다 한국 음식점이나 상점들이 많이 줄어들었는데 이곳은 마치 십여년 전 베이징의 우다오커우五道口와 왕징望京에서 느꼈던 한인타운의 면모를 만끽할 수 있었어. 그런데 꽤 흥미로운 건 말이야, 한글 간판을 가만히 들여다보면 한국어와 북한어 그리고 조선족어로 써져 있는데 그 차이가 미묘하지만 분명한 구분이 있다는 거야.

다시 말하면 모두 한글 간판이기 때문에 마치 한국인들이 보면 한 인타운 같고, 북한 사람이 보면 북한인 타운일 수도 있고, 조선족이 보면 소수민족 거리일 수 있단 말이지. 이곳은 한글이란 구심점을 두고 세 나라한국, 북한, 중국의 국적을 가진 사람들의 공통된 교집합 공간이 될 수 있다는 사실이 놀랍다는 거야. 한글의 샴쌍둥이라고나 할까. 세계 어디를 가도 이런 공간을 찾기 쉽지 않을 것 같구나. 다소 복잡하고 번잡하며 질서 없는 이곳이지만 세 나라가 한데 뭉쳐진 복합공간이라는 점을 기억하려무나.

김치의 인기는 여기서 빛을 발하더구나. 노점상에는 유난히 배추김치 파는 곳이 무척 많았지. 몇몇 노점상 주인장은 조선족일 수도 북한사람일 수도 한국인일 수도 있겠지만, 대부분은 중국 한족들이었어.

시타거리

그들은 고춧가루가 허옇게 칠해진 배추김치를 열심히 팔고 있었지. 아마도 한족들에게도 김치의 인기가 높나 보더구나. 아무래도 그들은 매운 김치를 잘 못 먹으니 절인 배추에 고춧가루를 살짝 버무려서 파는 게 아닌가 싶더구나.

한 바퀴 다 돌았다고 생각할 때쯤 한글과 한자가 함께 쓰여진 <조선문 서점>이라는 간판을 보게 됐지. 서점? 붉은색 간판에 쓰여진 하얀색 한글의 서체는 궁서체보다도 해서체에 가까운 글씨체였어. 한국에서는 잘 쓰지 않는 글씨체라는 말이지. 호기심을 잔뜩 품고 들어갔어. 책의 대부분은 한글로 된 서적들이었어. 문재인 대통령의 <운명>도 있었고 김난도의 <아프니까 청춘이다>

도 있었고 도스토예프스키의 <카라마조프네 형제들>도 있었지.

그런데 '김난도'라는 이름이 '김란도' 라고 적혀 있는 게 아니겠니. 왜 그럴까 봤더니 한국어 책이지만 중국 출판사에서 조선어로 번역되어 출간된 책이기 때문이었다. 똑같은 한글임에도 불구하고 나라마다 한글 표현과 문법이 다르기 때문에 그 나라에서 사용되는 어법으로 번역이 된 것이란다. 네가 이해가 될지 모르겠구나. 너희들은 한쪽에 있는 문구점 주위를 맴돌며 구경하고 있었지. 엄마는 이런 현장이 흥미진진하면서도 조금 혼란스러웠단다.

조선문 서점, 책들

홍타이지와 병자호란의 기억

선양구궁瀋陽故宮심양고궁**박물관**

　선양구궁은 청나라 1대 황제 누르하치가 1625년 건립하기 시작해서 2대 황제 홍타이지가 완공하였고 3대 황제 순치제 때 황궁을 베이징으로 천도하여 그 이후 선양구궁은 황제가 순회할 때 머무는 곳이 되었단다. 베이징 구궁故宮과 매우 흡사한 형태로 규모가 12배 정도 작게 지어졌어. 베이징의 구궁과는 마치 큰집과 작은집 관계라고 볼 수 있지.

선양구궁 입구

앞서 한번 언급은 했다만, 지금 우리가 둘러보고 있는 이 선양구궁은 1936년 병자호란 때 끌려온 소현세자와 봉림대군이 머물렀던 곳이기도 하단다. 소현세자는 이곳에서 10년 동안 인질로 억류되어 있으면서도 희망을 잃거나 좌절하지 않고 오히려 조선과 청나라 사이의 외교 역할을 톡톡히 해내었단다. 당시 조선은 명나라와 친하게 지내고 청나라를 배척하며 사이가 좋지 않아 종종 외교적 마찰을 빚었었지. 이런 상황에서 소현세자는 청나라 고위인사들과 좋은 관계를 유지하면서 조선인 속환문제나 조선의 병력지원 문제 등을 해결하는 데 적극적이었어. 속환문제라는 건 포로로 끌려온 조선인들을 다시 조선으로 돌려보내는 일을 뜻하는 거란다. 속가贖價라고 해서 포로를 풀어 주는 대가로 지불하는 돈을 뜻하는데 많은 조선인들이 속가를 지불하고 다시 조선으로 돌아갈 수 있었어.

당시 조선 인구가 약 1000만 명이었다는 걸 감안하면 병자호란으로 50만 명이 넘는 조선인이 포로로 끌려갔다는 건 비율상 엄청난 숫자 아니겠니? 많은 백성들이 피눈물을 흘리며 통곡하는 소리가 들리는 것 같구나. 볼모 살이를 한 소현세자는 그때 당시의 생활과 모습들을 구체적으로 <심양일기>에 기록했다고 하니 기회가 되면 찾아 읽어보는 것도 좋겠구나.

구궁은 동로東路, 중로中路, 서로西路로 되어 있었어. 중로는 홍타이지 때, 서로는 베이징 천도 후에 지어졌다고 한다. 동로에는 누르하치 때 지은 다정뎬大政典과 스왕팅十王亭이 있어. 다정뎬은 청의 건국식과 순치제의 즉위식이 거행되었던 곳이지. 스왕팅은 청나라의 군사 제도인 팔기八旗와 두 왕정을 상징하는 건물인데 팔기군은 여덟 개의 빛깔로 나눈 만주족 군대란다.

스왕팅

다정뎬

홍타이지 때 건설된 중로에는 충정뎬崇政殿이 있는데 이곳은 나라의 기틀을 마련하기 위해 여러 정책을 만들고 결정했던 곳이란다. 칭닝궁淸寧宮은 홍타이지 황제와 황후가 거주했던 건물로 만주족의 특징을 엿볼 수 있는 구조라니까 눈 여겨 보는 게 좋겠구나. 마지막 서로西路에는 '원수거文溯閣'가 있는데 <사고전서四庫全書>라고 건륭제 때 편찬한 세계 최대의 백과사전이 보관되어 있다고 하는구나. 이 건물은 다른 건축물과 달리 전각이 초록색인데다가 검정색 창과 문으로 되어 있어서 황금색 물결의 지붕 사이에서 확연히 눈에 띄었지. 아섭게도 들어가진 못했지만 이곳 건축설계는 황제의 존엄성과 엄격한 봉건 등급제도를 반영했다고 하니 과연 어떤 형태일까 더 궁금해지더구나. 검정색으로 뒤덮인 문과 초록 지붕의 원수거는 보물을 품어서인지 기품과 위엄이 느껴졌단다.

두 개의 종탑

난관南關남관성당

선양 성당의 정식 명칭은 난관 성당인데 1878년 청나라 때 프랑스 선교사가 세운 건물이라고 하는구나. 선양구궁을 둘러보고 나서 허둥지둥 난관 성당으로 향해 갔지. 먼 거리는 아니었지만 시내 쪽에 위치해 있어서 번화한 거리를 요리조리 뚫고 가느라 부지런히 걸어가야 했어. 해는 거의 뉘엿뉘엿 넘어가고 있었고 도착한 성당에는 이미 조명등이 켜져 성당의 외관을 빛내주고 있었지. 입장이 될까 하는 의문으로 입구를 찾아 들어갔더니 경비 아저씨가 6시에 문을 닫는다며 구경 온 관람객들에게 퇴장시간을 알려 주고 있더구나.

눈도장만 찍는다는 심정으로 거의 15분을 남겨 두고 성당 안으로 들어갔지. 의외로 구경 온 관광객들이 꽤 있었어. 그들도 우리처럼 시간에 쫓기듯 둘러보며 사진 찍기에 여념이 없었지. 중소도시를 다니며 보았던 성당 중 가장 규모가 크고 웅대했단다. 아나나 다를까, 이 성당 양쪽에 있는 종탑 높이는 40미터, 현당의 높이 20미터, 24개의 돌기둥으로 된 전형적인 고딕양식 건축물로 천여 명이 한번에 미사에 참여할 정도로 규모가 크다고 하더구나. 내부를 보지 못해 아쉬웠지만 시간을 쪼개 잠깐이라도 오길 잘했다는 생각이 들었다.

선양 난관 성당

장쭤린張作霖장작림, 장쉐량張學良장학량의 관저와 사택
쟝스솨이푸張氏帥府장씨수부

장쉐량은 한국어로 장학량으로 알려진 중국 군벌 출신 정치가란다. 그의 아버지 장쭤린은 1920년대 중반, 동북 군벌로서 당시 막강한 세력을 가진 인물이었는데 동북 점령을 노린 일본군에 의해 폭사를 당하게 돼. 이후 장쉐량은 1930년대 중국 만주지역을 통치하며 공산주의자들과 민족주의자들 그리고 일본인 침략자들 사이에서 중요한 역할을 발휘하게 된단다.

그를 꽤 멋있는 군정치가로 기억하는 사람들이 많은 것 같더구나.

장쉐량 저택

중국인들뿐 아니라 그의 역사적 행적을 본 한국인들도 대륙의 대장부 같다고 생각하니 말이야. 특히 선양 사람들은 더 자랑스러워하는 듯 느껴졌어. 장씨 부자의 삶과 역사적 발자취를 꼼꼼히 전시해 둔 그들의 저택만 보더라도 사람들이 얼마나 그들 부자를 역사적 영웅으로 생각하고 있는지 짐작할 수 있겠더구나.

저택 입구로 들어선 순간, 서양식 별장 같은 건축물이 로맨틱한 정원과 함께 멋들어지게 세워져 있었지. 개화기 시대의 영화 촬영지로 손색이 없을 정도로 아름다운 풍경과 완벽한 보존상태를 보고 첫눈에 반했단다.

쫭스쒀이푸 전체는 모두 크게 동원東院, 중원中院, 서원西院과 원외院外 건축물 등 4부분으로 되어 있었어. 이곳에 있는 건축물들은 중국

정통식, 중서혼합식, 북유럽식, 로마식, 일본식 등 다양한 건축방식으로 만들어졌다고 하는구나. 관람시간을 1시간 남짓 남기고 입장한 탓에 꼼꼼히 다 보기는 어려워서 전체적으로 훑고 지나야 했지. 그래도 멋들어지게 지어진 이 로마식 건축물 대청루大靑樓에서는 꼼꼼히 둘러보며 장씨 부자의 삶의 정취를 느껴 보고자 했단다.

대청루는 1층과 2층으로 나뉘어 집무실과 응접실, 침실 등 비교적 완전한 형태로 전시되어 있었어. 장씨 부자의 역사적 업적과 인생 과정을 보여 주는 사진과 설명에서 어린 나이에 군인이 되고 죽은 아버지의 뒤를 이어 만주 지역을 통치한 장쉐량의 파란만장한 삶을 엿볼 수 있었단다. 아편 중독자였고 여성편력이 있었던 통치자로서의 결점을 딛고 장쉐량는 중국 근현대사의 한 획을 긋는 역량을 발휘했지.

시안西安 사건1936년이 바로 그것인데, 장제스蔣介石가 항일전에 힘을 모으지 않고 반공 내전을 지속하려 하자 장쉐량이 시안에서 장제

응접실

창문에서

스를 강금한 사건이란다. 결과적으로 그로 인해 중국이 나뉘지 않고 지금의 하나 된 중국이 되었다고 볼 수 있지. 그렇지만 장쉐량은 그 일로 인해 53년 간이나 가택연금 상태로 갇혀 살게 된단다.

이렇게 오랫동안 자유를 박탈 당한 삶을 살았는데도 불구하고 그는 세기1901-2001를 넘긴 101세까지 천수를 누리며 건강하게 살다가 하와 이에서 죽게 돼. 이런 장수의 원인을 어떤 사람들은 그의 로맨스에서 찾기도 한단다. 그의 두 번째 부인 자오이디趙一荻는 타이완까지 그를 따라와서 곁에서 보살피고 아껴 주며 죽을 때까지 함께 하지. 또 다른

정원

로맨스의 숨은 연인, 이룰 수 없었기에 더 애잔했던 마음 속 연인, 바로 쑹메이링宋美齡과의 애틋한 로맨스 때문이라고도 하지. 장쉐량이 20대였던 어느 파티에서 쑹메이링을 만나게 되는데 그녀를 보고 첫눈에 반하게 돼. 그러나 당시 장쉐량은 이미 유부남이었기 때문에 두 사람의 사랑은 이루지 못하게 되지. 그리고 장쉐량은 장제스의 아내가 된 쑹메이링을 잊지 못했고 타이완에서 가택연금 와중에도 서신을 교환하며 지냈다고 하니, 거목 같은 군정치가였지만 한편으로 로맨티스트라고 불릴 만도 한 것 같구나.

우리는 경비원이 문 닫을 시간이라고 알려 줄 때까지 정원을 돌며 사진 찍기에 여념이 없었지. 밖으로 나오자 각종 과일 탕후루糖葫芦를 파는 노점상이 있었어. 베이징에서는 이제 거의 볼 수 없는 명물이

탕후루 노점상

된 것 같아 반가웠지. 너희들은 하나씩 골라 먹었지. 이 노점상에도 간편하게 위챗머니로 결제.

조금 걸어가다 보니 장쭤린으로 변장을 한 사람이 관광객들과 사진을 찍고 있었어. 장쉐량 못지 않게 그의 아버지 장쭤린도 인기가 많은 듯 보였지. 사진으로 남겨야겠다는 생각에 몰래 한 컷. 살금살금 좀더 걸어가니 자오이디趙一荻 고거故居가 나왔지. 이미 문은 닫혀 있었어. 그런데 왜 그녀의 고거가 따로 있을까. 이 또한 의아했단다. 자오이디와 장쉐량은 반 백 년을 넘게 함께했던 동반자였는데 말이지. 그들의 러브스토리가 좀더 궁금해지더구나. 골목을 돌아 나오니 늠름하게 세워진 장쉐량의 동상이 보였어. 하늘 높이 늠름하게 우뚝 세워진 그의 동상을 보니 장쉐량이라는 인물에 대한 선양 시민들의 평판을 가늠할수 있겠더구나.

장쭤린 분장을 한 아저씨

장쉐량 동상

해변에서 만난 맛집과 온천의 기분
후루다오葫蘆島호로도

후루다오 전경

　4일간의 짧은 선양 기행을 마치고 베이징으로 가는 길에 피로도
풀 겸 후루다오에서 온천도 하고 해변 구경도 하기로 했지. 후루다오
는 도시 모양이 조롱박葫蘆처럼 생겼다고 해서 붙여진 이름이지. '제2
의 베이다이허北戴河'라고 불리며 여행객들을 유치하느라 힘쓰는 듯
보였어. 해변에 지어 놓은 콘도나 호텔들, 휴양시설로 지어진 듯한
거대한 건축물들이 곳곳에 눈에 띄었거든. 그런데 애석하게도 그것들
은 모두 운영되지 못하고 잠시 가동을 멈춘 듯했지. 10월이라 찬바람
이 불기 시작해 해변으로 놀러 오는 관광객이 없기도 했겠지만, 뭔가
관광을 육성해 보고자 했으나 일이 잘 안 풀려 멈춰진 도시 같았어.

그냥 비워 두기에는 아까워 보이는 큰직한 건물들이 안쓰러워 보이긴 했지만, 너른 바다와 해변이 언젠가 이곳으로 많은 관광객들을 불러 올 거라는 생각이 드는구나. 우리나라 동해처럼 깊고 세찬 파도가 아니라 강처럼 고요하고 부드러운 파도였어. 아기자기하면서 구불구불 들쭉날쭉한 해변은 말썽 피우는 개구쟁이 같은 모습처럼 느껴졌어. 산책을 할 때 길고 단조로운 해변보다 뭔가 재미를 더할 수 있을 것 같았지.

해변에 왔으니 조개 찾기 놀이를 해야겠지. 모래사장은 부서진 조개 껍질들로 가득해서 맨발은 금물. 아주 작거나 깨진 조개 껍질들이 많아서 온전한 조개 껍데기를 찾기가 쉽지 않더구나. 슬슬 이른 저녁을 먹으러 가기 위해 길을 나서려 했지만 너희들은 조약돌과 조개 껍데기를 찾느라 엄마 아빠 말은 귓등으로 듣고 따라 나서지 않았지. 갈 거야, 말 거야, 너희들과 실랑이를 벌이며 티격태격했지. 그때 엄마 아빠가 배가 고파 예민해 있었어. '금강산도 식후경'이란 말은 즐거운 여행을 위해서는 진리와 같은 말인 것 같더구나.

해변에 길게 드리워진 그림자가 해시계처럼 저녁시간을 알렸지. 엄마와 너는 한 손씩 맞잡아 하트를 만들어 그림자 사진을 찍었지. 연인이 놀러 왔다면 분명 이런 사진 한 컷 정도는 찍었으리라 생각되는구나.

아빠가 앱으로 찾은 이 동네 해물 맛집에 가서 각종 신선한 해산물을 먹었지. 조개, 소라, 문

후루다오 그림자

어, 꽃게 등 그 자리에서 찌거나 볶음요리로 해서 먹을 수 있었어. 주인 아주머니가 서비스로 준 스프라이트로 느끼함까지 없애고 나니 졸음이 슬슬 밀려들더구나. 주인 아주머니는 우리가 한국인 가족이라는 사실에 큰 호기심을 가지고 이것저것 물어봤어. 특히 아이가 셋인 것에 대해 관심이 많았어. 주인 아주머니의 딸이 결혼해서 최근에 손주를 낳았는데 아이 하나 키우는 것도 무척 힘들다며, 몸도 몸이지만 비용이 너무 많이 들어서 둘째는 신중하게 생각해 봐야겠다는 거야. 잘나가는 음식점 주인인데도 비용 걱정을 하니 중국의 라오바이싱老百姓, 서민의 삶도 팍팍해지는구나 싶더구나.

주인 아주머니는 너희들에게 음료수 한 병씩을 선물해 주고는 차가 있는 곳까지 나와 손을 흔들며 배웅해 주었지. 중국 대도시는 급속한 발전과 더불어 사람들도 각박해지면서 오고가는 인정을 찾는 게 힘들어졌지만, 가끔 이렇게 중소도시를 여행하다 보면 인정 많은 사람들

을 마주칠 수 있다는 게 소중한 행복이 아닐까 싶구나.

온천은 후루다오 시내에서 좀 떨어진 외곽 쪽에 있었어. 다른 주변 지역에서도 온천을 하러 많이들 오는 곳이라고 하더구나. 실내온천에는 아이들이 놀 만한 놀이시설이 잘 되어 있어서 따뜻하게 실컷 놀 수 있었지. 실외온천도 있었는데 바람이 많이 불고 낙엽이 많이 날리는 바람에 나가는 사람들이 많지 않았어. 사람이 없다는 게 절호의 기회인 것 같아서 엄마와 아빠는 실외온천으로 나갔지. 황량하게 불어 대는 황사바람을 맞으며 흩날리는 낙엽들 때문에 온천을 즐기기는 힘들었지만 뜨거운 물에 몸을 담그고 저물어 가는 푸르고 널따란 하늘을 보니까 일주일 동안의 피로가 모두 풀리는 듯했어. 이제 다시 베이징이구나.

차오와옌티엔루

장자커우

자밍이성

다퉁   훠산췬   베이징
윈강석굴

제 2 편

서쪽에서 만나는
종교와 초원

북위北魏의 수도
다퉁大同대동

다퉁大同대동은 산시성山西省산서성에 있는데, 서기 398년 북방의 기마민족이었던 선비족이 세운 나라인 북위北魏의 수도였단다. 북위왕조는 한족과의 동화를 위해 '불교'를 육성하였다는구나. 다퉁하면 윈강雲崗운강석굴과 쉬안쿵쓰懸空寺현공사가 먼저 떠오른단다. 결혼 전 아빠랑 교환교수로 오셨던 국문과 교수님 한 분과 함께 셋이서 밤기차를 타고 다퉁 여행을 했었는데 그때 갔던 곳이 바로 윈강석굴과 쉬안쿵쓰였거든. 윈강석굴은 460년-494년 사이 북위시대 때 지어졌는데 둔황敦煌돈황의 모가오쿠莫高窟막고굴, 뤄양洛陽낙양의 룽먼龍門용문석굴과 함께 중국 3대 석굴로 손꼽힌단다. 뤄양의 룽먼석굴은 우리가 일전에 가 본 적이 있는데 기억나니?

기차로 갔던 첫 여행의 추억
윈강雲崗운강석굴과 쉬안쿵쓰懸空寺현공사

십여 년이 지나 다시 윈강석굴에 와 보니 주변 시설들이 관광명소에 맞게 정비가 된 듯 하더구나. 유네스코 세계문화유산이기도 하니 보존을 위해 지속적인 관리를 해 왔겠지. 엄마가 그때를 추억하자니 아련하지만 또렷한 몇몇 기억들이 떠오르는구나. 중국에서 처음 타본

밤기차, 우리는 한 벽면에 3개의 침대가, 양쪽 벽면에 모두 6개의 침대가 나란히 마주보고 놓인, 칸막이 문이 없는 비교적 저렴한 침대칸을 구했지. 4인용 독립된 침대칸도 있었지만 출발 시간에 임박해서 구하느라 이 기차표도 간신히 구했던 기억이 나는구나.

엄마는 대학 때 유럽여행을 하면서 숙박비를 아끼느라 침대칸 밤기차를 많이 타 보긴 했지만 이렇게 생판 모르는 사람들 6명이 마주보며 자게 될 줄은 미처 생각을 못했단다. 가장 넓은 1층 칸을 엄마가 자게 되었지. 소등이 된 후에는 기차 바퀴 소리만 규칙적으로 들렸어. 달빛이 창 안으로 비스듬히 내려오고 있었고 바퀴의 울림은 심장소리마냥 생명의 울림처럼 나직하면서도 생명력 있게 밤의 철로를 달리고 있었다.

당시 우리 일행은 무사히 아침을 맞이했고 찔끔찔끔 흐르는 물로 세안과 양치를 대충 한 후 기차에서 내렸단다. 아침식사로 역 근처 식당에서 간단히 훈툰餛飩을 사 먹은 후 바로 쉬안쿵쓰懸空寺현공사로 향했어. 쉬안쿵쓰는 절벽에 그림처럼 매달려 세워진 사찰이란다. 그 위를 아슬아슬하게 오르내리는데 마치 공중 위를 떠다니는 기분이 들었어. 지나다니는 복도 공간도 비좁은데다가 지탱하는 철재와 나무 바닥이 내려앉지는 않을까 발을 디디면서 오금이 저려왔지. 걸을 때마다 삐거덕거리는 나무소리가 천 년이 넘는 시간을 아득하게 일깨워 주듯 깊고 길게 울렸단다.

암벽 등반을 하듯 쉬안쿵쓰를 오르내리며 긴장한 탓인지 시장기가 금방 몰려왔다. 금강산도 식후경, 점심식사를 위해 주변 식당을 물색했고 우리는 그중 가장 크고 좋아 보이는 식당으로 들어갔어. 교수님께서 메뉴판 그림을 보시며 몇 가지 요리를 시키셨고 우린 다 먹고 난 후에도 뭔가 허기가 덜 채워진 기분이었지. 그래서 빵을 좀 먹기로

윈강석굴

하고 마침 옆 테이블에 있었던 맛있게 생긴 빵을 가리키며 한 접시 더 주문을 했단다. 그런데 잠시 후 우리 앞에 빵 접시가 아니라 세숫 대야만한 스테인리스 그릇이 놓여졌지. 그 안에는 진한 고기육수가 찰랑찰랑 했고 족발 같은 고깃덩어리가 둥둥 떠다니고 있었지.

주문이 잘못된 거였어. 우리가 가리켰던 손끝은 빵 접시였는데 종 업원의 시선은 중앙에 있던 요리였던 거야. 불행하게도 우린 그걸 먹 을 만큼 식욕이 넘쳐있질 못했어. 종업원을 호출했지. 주문 실수에 대해 실랑이가 좀 벌어지자 매니저가 등장했어. 매니저는 긴 말을 하 지 않았어. 딱 한 마디 말에 우리는 주문을 물릴 수 없게 되었단다.

"주문하신 음식을 바꿔 드릴 수는 있는데, 종업원의 월급에서 공제 됩니다. 이 종업원의 한 달 월급은 500위안이에요. 괜찮습니다. 바꿔 드릴게요." 얼굴이 붉어져 서 있던 종업원의 표정은 거의 울상이 되어 갔고 매니저는 당당했어. 100위안이 넘는 음식값을 여종업원에게 떠 넘길 수도 없는 노릇이니 우리는 결국 "行了行了, 我们都吃吧. 됐습 니다. 우리가 먹을게요."라며 일단락됐지. 된장 국물 같은 물에 둥둥 떠 있는 족발은 남아 있던 허기를 단숨에 날려 버렸지. 하지만 음식 남기 는 건 안 된다는 교수님의 완강하신 뜻에 따라 우리는 각자 할당된 양을 먹기로 했단다. 그 종업원은 우리가 자리에서 일어서자 수줍게 와서는 '셰셰'라고 인사를 하더구나. 사실 그 종업원은 시킨 일을 했을 뿐 중국어가 서툰 우리의 탓이 컸지.

너희들의 눈에 윈강云岗운강석굴과 쉬안쿵쓰는 어떠했니? 엄마는 엄청난 문화적 충격이었단다. 중학교 교과서에 있던 윈강석굴 불상 사진은 그저 한 장의 흑백사진에 지나지 않았어. 이렇게 숨 넘어갈 정도의 높이와 규모라고는 생각지도 못했지. 이런 석굴들이 거대한

원강석굴 불상

병풍처럼 끝도 안 보이게 이어져 있을 거라고는 더더욱 상상도 못했거든. '백문이 불여일견'이라는 말이 새삼 느껴지더구나.

쉬안쿵쓰는 또 얼마나 놀라운지. 중국 오악五岳으로 이름난 형산恒山항산 절벽에 지은 쉬안쿵쓰는 '하늘에 매달린 절'이라는 뜻처럼 도대체 어떻게 지었는지 엄마의 시점으로는 도저히 상상이 안 되었단다. 중국의 시인 이백李白도 745년 현공사에 와서 놀라움을 금치 못해 암반 위에 '장관壯觀'이라는 글자를 새겨 넣었다는구나. 491년 북위시대 때 절벽에 지어진 사찰이 어쩜 저렇게 지금까지도 관광객이 오르내릴 수 있을 정도로 견고하게 지어졌는지 생각만 해도 그냥 입이 딱 벌어진다. 올라갔을 때의 아찔함은 몇 천 년 사이의 시공간을 뚫고 전해지는 듯했다.

천 년 된 불교사원
화옌쓰華嚴寺화엄사

다퉁 시내 곳곳에는 불교 유적이 꽤 보전되어 있더구나. 성벽 내부
에 요금遼金시대 때 지어진 산화쓰善化寺며 화옌쓰며 불교사원을 많
이 볼 수 있었어. 화옌쓰華嚴寺는 한국 전남 구례에도 있는 절인데
544년 신라 때 인도 승려 연기가 세웠다고 하는구나. 다퉁에 있는 화
옌쓰는 그 보다 500년 후인 1038년에 지어졌다고 한다. 두 화옌쓰 모
두 화엄경華嚴經이라는 경전에서 이름을 따온 것이라고 하는구나.

선선한 바람에 나부끼는 잎사귀를 보면서 느긋한 발걸음으로 사찰
내부를 산책하는 즐거움도 오랜만에 느껴 본 것 같구나. 화단에 심어
진 단아한 꽃나무와 그 아래 작게 피어난 이름 모를 꽃과 풀들이 정겨
웠어. 보통 오래된 사찰일수록 수십 년 아름드리 나무들이 그 위엄을
자랑하고 있는데 이 사찰 정원은 아담하고 가지런히 꽃나무들이 심어
져 있어서 더 정겨웠던 것 같구나.

화옌쓰 내부

명나라 때 성벽

다퉁구청大同古城대동고성벽

이번 여행 중 가장 기억에 남는 게 뭐냐고 너희들에게 물었더니
역시나 구청 위에서 자전거를 탔던 거라고 이구동성으로 대답했지.
다퉁구청 벽은 명나라 홍무제 때 원나라 성벽인 토성을 증축한 것으
로 중국에서도 꽤나 유명한 성벽이란다. 총 둘레는 약 7270m이고 높
이는 14m로 성벽 중 가장 높고 견고하고 웅장하며 험준하기도 하여
방어시설로 잘 갖춰져 북부 국경 수비에서 중요한 위치를 차지하였다
고 한다. 정말로 비스듬하게 촘촘히 세워진 높디높은 벽면을 보니
감히 올라타고 넘어갈 엄두도 못 내겠더구나.

　우리는 구청 위를 한 바퀴 돌기 위해 자전거를 빌렸지. 다섯 식구가 탄 자전거는 역시나 무거웠어. 둘, 셋이 탄 자전거들은 신나게 우리를 앞질러 갔잖아. 질세라 페달을 힘차게 돌렸지만 다섯이 탄 자전거는 울퉁불퉁 돌길 위를 신속하게 달리기는 무리였지. 뒤쳐지기 싫다고 빨리 달리자는 너희들의 호령에 급기야 아빠가 내려서 자전거를 밀었지. 아무래도 발로 돌리는 것보다는 미는 힘이 가해지니까 바퀴는 페달과 상관없이 빠르게 굴러갔어. 덩달아 둘째도 밀겠다고 거들면서 자전거는 하늘로 날아갈 듯 쌩쌩 달렸지. 마지막 총력을 다해 오르막길을 타고 마지막 성루에 올랐지. 그 지나친 힘 때문에 결국 자전거 체인이 덜커덩 탈선하여 빠지고 말았잖아. 자전거를 반납하면서 체인이 풀렸다고 미안스레 일러 주고 우리는 유유자적 12시 햇볕을 받으며 점심 식사를 하러 성벽을 내려왔지.

주계朱桂와 아홉 마리 용
주룽비九龍壁구룡벽

　다퉁의 주룽비九龍壁는 베이징의 자금성과 북해공원에 있는 주룽
비과 함께 중국 3대 주룽비란다. 이중 가장 오래되고 큰 주룽비로
1392년에 명나라를 세운 태조 주원장朱元璋의 13번째 아들 주계朱桂
의 저택에 있던 거야. 주계는 어렸을 때부터 시문도 배우려 하지 않고
천성이 어리석고 고집스러웠다고 하는구나. 황제 주원장은 주계를 다
퉁을 다스리는 왕으로 보냈고, 놀기 좋아하는 주계는 어느 날 넷째
형을 찾아갔어. 넷째 형은 주계를 성가시게 여기면서도 사흘을 참으

주룽비

며 연회를 베풀어 주었다고 해.

주계는 형이 베풀어준 음식을 배불리 먹고 마신 후 왕부 밖을 산책하다가 우연히 유리 주룽비를 보더니 굉장히 마음에 들었다고 하는구나. 그래서 자신의 황궁 앞에도 주룽비를 짓기로 작정하고 그 그림을 다퉁에 가져와서는 전국 최대의 주룽비를 만든 거라는구나. 다퉁의 주룽비에 그려진 용은 네발과 발톱, 용비늘 그리고 뿔도 달려 있어 여타 주룽비 용과 다른 특징이 있어. 그 앞에 서 있자니, 자오비照壁 위로 거대한 용들이 600년 넘게 꿈틀거리고 있었을 듯한 생동감이 느껴져 한동안 멍하니 바라보고 서 있었단다.

흙기둥 숲과 화산동굴
투린土林토림과 훠산췬火山群화산군

이번 다퉁기행에서는 자가 운전을 할 수 있어서 투린土林토림과 훠산췬火山群화산군을 더 갈 수 있었지. 이 두 곳은 시 외곽에 있기 때문에 버스와 같은 교통수단이 없더구나. 그래서인지 관광객들도 눈에 띄게 없었지. 주차장에 서너 대정도의 차량이 보이고 입구로 들어서자 우리밖에 없더구나.

투린은 말 그대로 흙의 숲인데, 흙기둥이 숲처럼 모여 있는 곳이었지. 그곳 주민들은 그곳을 '개천 협곡'이라고 부른다는구나. 아마도 투린의 생성 원인이 바로 고였던 호숫물이 말라 버려 물밑의 지형이 그대로 드러나서 협곡을 이뤘기 때문에 그렇게 부르는 모양이더구나.

투린의 흙기둥들

60위안 입장료를 내고 들어간 투린은 끝도 안 보이는 평야였고 뭘 볼 게 있냐는 의심이 들게 했지. 한참을 걸어 들어가니 비로소 멀찍이서 흙기둥이 보이기 시작했지.

가는 길에 밧줄에 묶여져 있는 낙타 두 마리를 만났잖아. 사막에 있어야 할 낙타들이 이곳에서 무엇을 할까 잠깐 궁금해 하며 지나치고 나니 작은 호수와 갈대가 바람에 흔들리고 있었어. 사진에 담을 만한 멋진 흙기둥이 있을까 둘러보는데, 저쪽 한 무리의 관광객들 중 한 명이 "六十元都在那里、再去那边吧。60위안어치는 다 저쪽에 있어요. 저쪽으로 갑시다."라고 말하는 소리를 네가 제일 먼저 들었지. "엄마, 중국 사람들이 60위안어치는 다 저쪽이래. 볼거리가 다 저쪽에 있나봐." 그 소리에 으하하 웃음이 터진 엄마는 아마도 그 말에 공감이 가서 그랬던 거 같구나.

이런 지형은 처음 보는 광경이라서 신기하기만 하더구나. 이스라엘 민족이 광야생활을 했을 때 그 광야가 혹시 이런 곳은 아니었을까 잠깐 떠올려 보기도 했단다. 사방으로 지평선이 하늘과 맞닿아 있었고 중간중간 도깨비 방망이 같은 흙기둥들이 하늘을 향해 우뚝 솟아 있는 광경이 마치 광활한 대지 위의 흙기둥 제단 같기도 했지. 장엄한 자연이 만들어 낸 걸작 같았어.

한 여자가 굵직한 흙기둥 위에 올라 양

투린

손에 스카프를 들고 바람에 휘날리며 다양한 포즈로 사진을 찍고 있었지. 마치 영화의 한 장면을 연출하고 싶었던 모양이야. 그 아래에서 사진 찍어주는 남자친구는 온갖 포즈를 취하며 찍으라는 여자의 요구에 지쳤는지 "够了够了, 就下来.됐어 됐어 그만 내려와." 하더구나. 가끔 유원지에서 마주칠 수 있는 커플들의 모습이라 싱거운 웃음이 피식 나왔단다. 바람과 흙더미, 간혹 말라 버린 식물이 있는 이곳을 너희들은 신이 나서 뛰어다녔지.

　다음으로 간 곳은 훠산췬. 이곳은 너희들에게는 재미난 놀이터였지. 거무잡잡한 현무암 돌덩이가 가득 깔려 있었고 화산분출로 만들어진 동굴 또한 호기심을 자극하기에 충분했어. 엄마는 한 발 한 발 오를 때마다 쭉쭉 미끄러지는 통에 너희들 손을 잡고 밀며 끌며 화산을 올랐지. 우리는 강한 바람 때문에 더 높게 오르진 못했지만 산 등

훠산췬

휴산천

성이에서도 아래로 보이는 휴화산의 모습을 만끽할 수 있었잖아. 표면은 검게 탄 흔적이 남아 있고 분출로 만들어진 동굴과 낭떠러지처럼 파여진 구덩이, 아파트 한 채는 너끈히 빠져 버릴 만한 엄청난 구덩이라서 보기만 해도 아찔했지.

너희들은 생전 처음 보는 울퉁불퉁하고 구멍이 숭숭 난 돌들을 주워 담는 데 재미를 느끼는 것 같더구나. 너희들이 그렇게 주워 온 현무암 돌멩이들은 화산 활동으로 만들어진 거란다. 용암이 식으면서 가스가 빠져나가 생긴 구멍이야. 또 화산 지대의 토양은 미네랄과 게르마늄이 풍부하여 아주 비옥하단다. 그래서 과수원이나 농경지, 커피 재배도 하면서 질 좋은 작물을 수확할 수 있다고 하니, 이런 걸 보면 자연이 우리에게 참으로 많은 이로움을 주는 것 같구나.

더 놀겠다는 너희들을 이끌고 베이징으로 발길을 재촉했다. 오후가 되면 우리처럼 연휴를 즐기고 베이징으로 돌아가는 사람들이 많아 도로가 막힐 것 같았거든. 그런데 아니나 다를까. 바이두百度 지도에 나타난 베이징 행 도로는 이미 진한 빨간색 선이었어. 우리는 아예 좀 늦게 출발할 생각으로 끼니도 때우고 구경도 할 겸 근처 한 곳을 더 구경하기로 했지. 어차피 길에서 지칠 거라면 구경하며 지치는 게 나을 것 같아 그러자고 했는데 불행하게도 거기서부터 잘못된 길로 접어들게 됐지. 내비게이션을 따라 간 곳은 지명만 같지 전혀 엉뚱한 곳이었어. 우리는 분명 관광지로 지정된 토굴 같은 곳을 찾았는데 도착한 곳은 무슨 음습한 공장 같은 곳이었지.

한숨 한번 길게 내쉬고 되돌아 나온 후 끼니를 때우자고 근처 시내로 들어갔는데 시내는 번잡하고 홍보 스피커 음성으로 요란스러웠지. 제대로 된 식당을 찾기는 어려울 것 같고, 다행이 전국에 다 있는 중국식 샤브샤브 체인점 샤푸샤푸呷哺呷哺가 있어서 맛있게 먹고 나왔지. 중소도시로 막 발전을 시작하며 현대식 건물을 짓는 중인지 곳곳은 공사 중으로 어지럽고 소란스러웠어. 중국 중소도시를 가 보면 이렇게 공사 중인 곳이 많았지. 대형 쇼핑몰에는 전국에 다 있는 각종 체인점들이 고스란히 입점해 있었지. 어느 지역을 가든 다 있는 이런 대형 쇼핑몰로 인해 그 지역 사람들의 삶의 질과 생활의 편리는 좋아지겠지만 한편으로는 그 지방의 특색이 사라져 버리는 것 같아서 아쉬운 마음도 많이 남더구나.

이제 더 이상 지체할 수 없을 것 같아 우리는 서둘러 베이징 행 도로를 탔지. 초입부터 가다 서다를 반복하다가 급기야 3차선 도로는 주차장이 되었구나. 속력을 내고 달리는 건 일찌감치 포기하고 나니 주위의 풍경이 눈에 들어왔어. 해가 서쪽으로 기울면서 눈부시도록 아름다운 석양이 우리를 향해 있었지. 차 안에서 지루해 하던 사람들이 너도나도 차에서 내려 석양을 향해 사진을 찍기 시작했지. 난간 위에 오르거나 차 범퍼에 올라 사진을 찍는 사람들의 광경이 더 흥미로웠단다. 마치 영화 <라라랜드> 첫 장면 같았어. 너희와 같이 봤었던 영화잖니. 음악만 더해진다면 더할 나위 없는 영화 같은 풍경이었지. 게다가 석양 맞은편으로는 무지개가 펼쳐졌잖아. 엄마는 무지개를 발견하고는 금방 사라지면 어쩌나, 서둘러 사진을 찍어 댔단다.

끝도 안 보이는 차량행렬과 사이사이 서 있던 사람들. 붉은 석양과 푸른 하늘 그리고 무지개. 스톱 모션이 작동된 듯 거대한 스크린 속 한 장면으로 멈춰 있었지. 저 앞쪽에서 차 한 대가 움직이기 시작하자 밖에 있던 사람들이 순식간에 도미노처럼 차 속으로 들어갔지. 마치 자동차가 군무를 하는 것처럼 자동차에 시동이 걸리면서 멈춰진

석양

차들은 일제히 앞으로 서서히 전진해 갔어. 지금 떠올려 봐도 그 순간은 일부러 연출하려고 해도 할 수 없는 장관이지 않았나 싶단다. 하행길에 잘못 들어선 노선과 숨막히는 정체 때문에 침울해 있던 마음을 두근두근 설레임으로 바꿔 놓은 붉은 석양과 칠색 무지개. 평생 잊지 못할 그 장면 속에 우리 가족이 함께였다는 것으로 이번 다통 여행은 갈무리되었구나.

몽골과 러시아로 가는 길목

장자커우张家口 장가구

2022년 베이징 동계올림픽 개최지 중 하나인 장자커우张家口 장가구는 베이징에서 약 140Km 정도 떨어진 북서쪽에 위치해 있단다. 장자커우는 화북지역 내 최대 규모의 자연생태로 만들어진 스키장이 있기 때문에 동계올림픽 개최지로 선정된 듯싶구나. 이곳은 베이징에서 볼 수 없는 높은 산맥들이 꼬리에 꼬리를 물고 이어져 있었잖아. 아스팔트 양쪽으로 가파른 산맥들이 줄기차게 이어져 있었고, 돌산들은 허연 살이 그대로 드러난 채 듬성듬성 자란 초록 풀들로 덮여 마치 얇은 초록 옷을 걸쳐 입은 듯했지. 그래서 그런지 산세의 모양새를 여실히 볼 수 있었어. 창 밖으로 산들의 천차만별 생김새를 구경하며 가다 보니 심심한 줄도 모르겠더구나.

만리장성 바로 너머에 있는 장자커우는 몽골과 러시아로 가는 주요 대상로隊商路의 입구였어. 대상隊商이란 뭐냐면, '카라반'이라고도 하는데 사막과 초원 같은 지방에서 낙타나 말로 짐을 싣고 교역하는 집단 상인을 말한다. 그런 대상들이 오고 가며 장자커우는 여러 지역을 이어 주는 교역과 교류의 장이 되었겠지. 우리가 가려는 장자커우의 지밍이鸡鸣驿 성이 역참으로서 손색이 없었던 이유가 바로 이런 배경이겠구나.

서태후와 광서제의 일야행궁—夜行宮
지밍이雞鳴驛계명역성

지밍산과 지밍이 성 마을 전경

지밍이雞鳴驛"계명역는 바로 뒤편에 지밍산雞鳴山'이 있어서 붙여진
이름이라는구나. '지밍산雞鳴山'의 의미를 해석하면 '닭이 우는 산'인
데, 이름 자체가 참 인상적이야. 당 태종이 북벌을 하러 이 산에 올랐
다가 닭이 우는 소리가 들려 '지밍雞鳴'이라고 이름을 붙였다는구나.

실제로 이 산에 오르면 닭 울음 소리가 여기저기서 들린다는데, 이름값 하려고 닭을 키우는 건지, 원래 정말로 당나라 때부터 닭이 살던 고장이었는지는 확인할 길은 없구나. 지밍이雞鳴驛는 명나라 때 칭기즈칸이 군을 이끌고 서역을 정벌하려고 설치한 중국 역사상 가장 큰 규모의 역참驛站으로 군사뿐 아니라 운송 및 교통의 요지였다고 보면 된단다.

지밍이 성에 도착하자 우리를 반기는 무리들이 있었지. 행색은 동네 주민들 같았으나 알고 보니 가이드 무리였지. 가이드들도 성 내에 살고 있는 주민이었고, 나름 자격증을 가지고 가이드를 하는 거라는구나. 우리는 잠깐 고민하고 가장 인상 좋은 아주머니 가이드를 앞장세우고 들어갔지. 입장료를 내고 들어갔지만, 뭐랄까 입장료를 받을 만큼 아직 관광지로는 개발이 안 된 느낌이더구나. 그냥 여느 시골 동네처럼 사람들이 평화롭게 살아가고 있는 평범한 시골 마을 같았지. 자유로운 무질서함이 느껴졌어. 엄마는 이런 평화롭고 평범한 광경이 더 친근하고 좋더구나.

가이드 아주머니는 창이 넓은 밀짚모자를 쓰고 초록색 하늘거리는 쉬폰 상의에 검은 정장바지를 입고 검정 단화를 신고 있었어. 복장과 매무새는 커리어우먼 못지 않았지. 가이드 아주머니는 목에 건 가이드 자격증을 우리에게 보여 주고는 검게 그을린 얼굴의 하얀 이를 드러내며 미소를 보였지. 그녀는 가이드가 되기 위해 2년 전부터 주경야독한 결과 이렇게 일을 하고 있다며 자랑스러워했지. 너희들을 보고는 자기에게도 손주가 있다며 귀여워 어쩔 줄 몰라 하는 표정이었어. 손주라면 벌써 할머니가 되었다는 건데 전혀 그렇게 보이지가 않았지. 엄마가 의아해 하며 놀란 표정을 지으니까 가이드 아주머니는 자신이 올해 45세란다. 세상에 엄마랑 별 차이가 안 나는 나이인데 벌써 할머니가 되었다니. 그렇다. 호칭은 호칭이고 나이는 나이일 뿐, 현재 자신이 어떤 모습으로 무엇을 하고 있느냐가 자신을 말해준다는 걸 다시금 느끼게 하더구나.

그녀는 '문교창명文敎昌明'이라는 유교를 공부했던 학교를 특별히 너희들에게 보여 주고 싶다며 가장 먼저 데리고 갔다. 내부는 텅 비어 있었고 허름한 구조물만 남아 안타깝게도 감상할 것도 없더구나. 공부했던 곳이라니 그 학문의 기운만 조금 받아 보고 우리는 장소를 옮겼지. 대부분의 집들은 벽돌로 만들어져 있었고 곳곳에 허물어진 담벼락과 수리 중인 집들이 많았어.

다음으로 간 곳은 역참을 관리했던 관아인 역승서驛丞署라는 곳인데 이곳 또한 현판이 없었다면 내부만 보고서는 도저히 뭘 했던 곳인지 알 수 없을 정도로 아무 것도 없었다. 아직 관광지로 개발이 안 된 곳이라는 걸 확연히 느낄 수 있었어. 개발을 시작하면 여기도 그럴 듯한 명소가 되지 않을까 싶구나.

지미이 성 마을 거리

가이드 아주머니

그래도 엄마는 별 것 없는 이곳이 유적이나 발견한 듯 반가웠단다.

햇볕은 따갑게 내리쬐고 있었지. 흙 바닥을 발로 질질 끌며 너희들은 덥고 다리도 아프고 목도 마르고 힘들다며 슬슬 짜증을 내기 시작했지. 마침 지나는 길에 음료와 아이스크림을 파는 가게가 있어서 우리는 오아시스를 만난 것처럼 반갑게 들어가 스포츠음료와 아이스크림을 입에 물고 나왔지. 가게라곤 하지만 아이스크림 냉장고 한 대와 음료수 냉장고 한 대가 전부였지만 이곳에서는 정말 오아시스와 같은 곳이 아닌가 싶더구나.

당분이 몸 속에 들어가니 너희들의 걸음걸이도 한결 가벼워진 듯 보였다. 아주머니는 지밍이 성의 가장 하이라이트가 되는 서태후와 광서제가 하룻밤 묵었다던 장소로 인도해 주었어. 엄마가 가장 기대

했던 곳이기도 했단다. 중국 천하를 흔들었던 서태후가 서구 열강에 의해 자금성이 점령 당하려 하자 급히 시안西安서안으로 도주하면서 중간에 들렀던 곳이 바로 지밍이 성이었거든. 서태후의 야간도주는 청나라 황제 광서제와 함께였지. 왜 천하의 서태후가 광서제와 함께 도주를 하게 되었는지 그 배경을 잠깐 설명하고 가야겠구나.

당시 수구파였던 서태후는 개혁파인 광서제를 폐위시키려고 했으나 개혁을 돕는 서방 세력에 의해 실패하였단다. 이에 서태후는 외세 배척 운동을 하던 의화단을 고무시켜 외세에 대한 배격을 강화하였지. 이에 서태후의 지지를 얻은 의화단은 외국인을 사살하거나 외국 문물을 파괴하는 일을 벌이기 시작했고, 심지어 외국 공관을 공격하는 사건까지 발생하게 된 거야. 이를 계기로 1900년 러시아, 독일, 영국을 비롯한 8개국 연합군이 베이징을 공격하였고 자금성까지 점령하게 되었지. 서태후는 급히 광서제와 함께 몸을 피신해야 했고 그날 밤, 천신만고 끝에 베이징의 가장 큰 관문인 서북쪽에 위치한 장자커우의 지밍이鷄鳴驛에 도착하게 되었단다. 둘은 이곳에서 하룻밤을 묵고 다음날 시안西安서안으로 몸을 옮겼지.

친정親政을 하려던 광서제와 섭정을 지속하려는 서태후, 정치적 성향이 달랐던 두 모자의 동행 피신은 참으로 아이러니하더구나. 이런 걸 악연이라고 해야 할까? 하루를 사이에 두고 세상을 떠난 두 모자의 운명 또한 이미 정해진 것이었을까? 서태후가 자신의 정치적 생명을 연장하기 위해서 조카였던 광서제를 양자로 들여 왕위에 올린 그 순간부터 둘과의 불행한 운명이 예견된 건지도 모르겠구나.

서태후와 광서제가 묵었다는 이곳은 역참 관리관과 그의 가족들이 기거했던 곳이었다는데 너희들 눈에도 초라하고 허름해 보이지 않았니? 천하의 서태후와 황제가 쫓기듯 자금성에서 빠져 나와 이런 곳에서 몸을 숨겼다니 그 하룻밤이 어떠했으리라 짐작이 가는구나. 그들이 묵었다는 5평 남짓한 공간에는 아궁이가 있는 벽돌 침대와 붉은빛 장롱, 콘솔과 액자 두 점이 걸려 있었다. 여전히 이곳을 사람들의 거주지로 사용하고 있다니 놀랍기도 하더구나. 기념관으로 꾸며 놓고 관광객을 받을 만도 한데 서태후의 악명 때문일까, 그저 다른 방 벽면에 나란히 걸린 서태후와 광서제의 초상화만이 그들이 머물렀었다는 흔적을 대신해 주고 있더구나.

애 셋을 키우려면 돈을 많이 벌어야 한다면서 가이드 아주머니는

자희태후와 광서제 초상화

지밍이 성벽 위

지밍이 성 마을 전경

마지막으로 재신묘財神廟로 안내해 주었지. 들어가니 중간에 커다란
청동 향로에 향이 피워져 있었어. 여느 도교사원과 비슷한 풍경이었
단다. 돈도 돈이지만 엄마는 너희들과 함께 다니는 여행이 재산이라
고 생각한단다. 이런 재산이 쌓이고 쌓이면 금전과 비견할 수 없는
자산이 되리라 감히 자신해 본다.

　가이드 아주머니는 오늘의 동행 코스는 여기까지라며 성곽을 둘러
보려면 성문 옆 계단으로 올라가면 된다고 방향을 일러 주었지. 아주

머니는 한 건 했으니 퇴근할 거라며 하얀 이를 입 한 가득 드러내면서 긴 미소를 보였지. 일일 일노동, 일회 가이드 비용이 큰 금액은 아니지만 보람된 하루를 만끽했다는 행복한 미소였어. 그 미소에서 치열한 도시인들의 삶을 무력화 시키는 한적한 삶과 자족의 여유를 흠뻑 느낄 수 있었지.

성벽 길에 오르니 지밍산과 마을이 한 눈에 보이더구나. 벽돌색 지붕이 옹기종기 모여 옛이야기를 속삭이는 듯했지. 성벽 길에는 아무도 없어서 너희들은 100미터 달리기를 하듯 달음박질을 하며 뛰어다녔지. 저 너머 오도카니 앉아 있는 지밍산에서 닭 울음소리가 마을 지붕 위로 흘러내리는 듯했어. 성벽 위에서 내려본 마을은 활기 띤 소란스러움 보다는 고요하고 고즈넉한 평화가 느껴졌단다. 도시인들의 각축을 무색하게 만들 이곳의 게으름이 정겹게 다가오더구나.

하늘길 초원을 대신하여
이름 없는 초원

장자커우는 우뚝 솟은 산과 들판이 조화롭게 펼쳐져 있었어. 솟아난 산들이 끝도 없이 보이다가도 구릉성 산맥을 이루고 다시 산 언저리에 평야가 드넓게 나타났지. 우리는 소위 핫플레이스로 등극한 하늘길 초원으로 향했지. 파란 하늘에 뭉게구름, 그 끝엔 하

늘과 초원이 맞닿아 있었지. 땅 사이로 혓바닥처럼 길게 늘어진 아스
팔트길이 닿지 않는 하늘을 향해 이어지고 있었어. 한참을 그렇게 이
차선 도로를 달리다가 작은 톨게이트를 만났지. 문제는 거기서부터였
단다. 다른 길과 만났던 그 톨게이트는 진짜 톨게이트가 아니라 하늘
길 초원으로 들어가는 통행문이었어. 긴 자동차 행렬은 그 통행문부
터 시작되었지. 이차선 도로였던 그 길은 하행 차량은 없고 순전히
들어가는 차량으로 숨막히는 정체가 시작된 거야.

　급기야 한 차량은 급한 마음에 중앙선을 넘어서 반대 차도로 달려
가다가 마주 오는 차량과 마주쳐 갓길도 없는 길에서 두 차량이 마주
보며 삼백 여 미터를 후진하는 위험한 광경이 벌어지기도 했단다. 우
리도 차량 행렬에 끼어 있긴 했다만 하늘길 초원으로 가는 길 위에서

옴짝달싹 못하는 차량 행렬을 보며 빠른 판단을 내려야 했지. 아빠는 유턴을 하자, 였고 엄마는 아쉬운 만큼 조금만 더 상황을 지켜보자, 였지. 달팽이처럼 기어 가기를 삼십 여 분, 안 되겠다 싶어 유턴할 수 있는 차도가 나오면 돌아 나가기로 결정했지. 한참을 차들 사이에 끼어 있다가 드디어 돌아 나오게 되었어. 시원하게 달리는 차 안에서 꼬리에 꼬리를 물고 서 있는 반대편 차량들을 보며 빠져 나오길 잘 했다는 안도의 한숨을 내쉬었단다.

모두들 하늘길 초원을 가겠다고 언제 도착할지도 모른 채 도로 위에 줄지어 서 있는 모양새가 마치 어릴 적 읽었던 <꽃들에게 희망을> 이란 책에 나오는 수많은 애벌레 같단 생각이 들었단다. 그곳에 희망이 있을 거란 생각에 너도나도 한 곳을 향해 가던 애벌레들의 행렬 같다고나 할까. 꼬물꼬물 애벌레처럼 얼기설기 이어진 차 무덤에서 벗어나자 차 한 대도 구경하기 힘든 벌판 같은 도로가 나왔지. 그곳을 벗어나니 이렇게 뻥 뚫린 자유의 길이 나오더구나. 가는 곳곳이 산과 평야들로 이어져 있었어. 관광지로 개발되어 정돈되지 않았다 뿐이지

자연 그대로의 아름다운 모습을 발산하는 산자락의 자태가 돋보였단다. 우리는 너희들이 뛰놀 수 있는 비교적 너른 평야가 펼쳐져 있는 곳을 물색하기 위해 속도를 줄였지.

포장이 안 된 흙길을 덜덜거리며 들어갔더니 평야가 멋들어지게 펼쳐진 산자락이 보였어. 전방에 두어 대의 차량이 정차되어 있는 걸 보니 우리보다 발 빠른 선발 주자들이 있나 보더구나. 너희들은 오랫동안 차 안에 갇혀 있었으니 얼른 탈출하고 싶은 마음에 어서 차를 세우고 나가자고 야단들이었지. 문을 열고 나가자 대단한 산바람이 휘몰아치더구나. 바람은 동서남북 방향을 잃어버린 채 불어 댔어. 우리는 각자 불어오는 바람에 저항하며 한 걸음 한 걸음 발길을 옮겼지. 아무렇지도 않게 함부로 불어오는 바람과 풀밭 길을 걸으며, 자유란 이런 게 아닐까 생각이 들더구나. 마음껏 펼쳐진 평야를 '자유롭게 걷는다'는 것은 거센 바람을 만나 흔들릴 수도, 길 없는 풀밭 위에서 방향을 잃을 수도 있다는 것을 의미하지. 그만큼 '자유를 얻는다'는 것은 거센 바람을 감내한다거나 방향을 잃을 수도 있다는 두려움이

동반된다는 걸 알았으면 좋겠구나.

　머리카락은 산발로 날리고 가볍게 걸친 카디건도 휘날리는 모양이 탈춤이라도 추고 있는 것 같더구나. 너희들은 나귀 한 마리가 풀을 뜯고 있는 것을 발견하고는 달려가 구경을 했지. 나귀가 있는 곳과 우리가 있는 곳 사이에 구덩이가 있어서 건너가지 못했던 게 엄마는 내심 다행이라 생각했단다. 끈이 풀린 나귀한테 신이 나서 다가갔다가 어떻게 될지 모를 노릇이니 말이다. 평야는 생각보다 넓더구나. 저 산자락 하나만 넘어 가보자 했지만 구릉지를 오르내리며 한참을 걸어도 그 끝자락이 쉬이 다가오지 않더구나. 너희들이 괴성을 지르며 뛰어가는 모양이 영락없이 고삐 풀린 망아지들이었지.

　우리는 이렇게 이름 없는 초원에서 자유를 만끽하고 돌아왔구나. 여행은 꼭 계획대로 되라는 법은 없지. 인생도 마찬가지겠고 말이다.

남들이 다 간다고 그곳을 반드시 가야 할 필요도 없고, 그곳이 반드시 좋다고도 말할 수 없단다. 살아가다 보면 스스로 아니라고 여겨질 때 재빨리 방향을 바꿀 수 있는 결단력도 필요하단다. 때론 걸어도 걸어도 목적지가 보이지 않아 몸도 마음도 지치겠지만 내가 가는 방향이 옳다면 그 고난의 과정 또한 가치 있는 일이라고 말해주고 싶구나.

청더

청둥링

베이징

친황다오

탕산

청시링

제 3 편

동쪽에서 만나는
제국의 흔적

중국 유일 황제의 제호帝號로 붙여진 도시
친황다오 秦皇島 진황도

베이징에서 동쪽으로 약 300km정도 떨어져 있는 친황다오는 이번이 두 번째 여행이구나. 친황다오는 진시황제가 동쪽을 순찰하기 위해 사람을 파견했다가 선仙을 구했다고 해서 중국에서 유일하게 황제의 제호를 사용한 지명이란다. 지금은 베이다이허北戴河북대하와 산하이관山海关산해관, 중국 최대 규모의 야생동물원이 있는 중국 관광레저의 메카로 자리매김하고 있지.

이번 여행은 새해 일출맞이를 하고 시내 박물관과 거리를 구경하는 일정이란다. 일출을 객실에서도 볼 수 있는 해변가 호텔을 예약하고 중국에서 첫 일출맞이를 한다는 기대로 설레였지. 스모그가 자주 출몰하는 중국 날씨 때문에 반신반의했지만 다행히 날씨는 맑음이었고 친황다오의 하늘은 파랗게 드리워 있었지.

2년 전 친황다오 첫 여행이 떠오르는구나. 돌 지난 막내를 유모차에 태워 산하이관과 야생동물원을 누볐던 당시를 떠올리면 여행이 아닌 극기훈련이었단다. 너희들은 다리가 아프다며 막내 유모차에 옹기종기 끼어 앉았지. 그 광경이 재미난 듯 쳐다보는 중국 사람들의 익살스런 웃음과 노인들의 측은한 미소가 떠오르는구나.

자, 그러면 산하이관으로 먼저 떠나 볼까.

오삼계吳三桂와 명나라의 멸망
산하이관山海關산해관

아빠는 미리 준비한 자료를 살피더니 산하이관의 '톈샤디이관天下第一關'이라고 쓰여진 현판을 찾았어. 여기를 배경으로 사진을 찍어야 한다고 했지. 당시 찍었던 가족 사진을 보면 엄마, 아빠 얼굴에서 너희 셋을 업고 밀고 끌고 다닐 만큼의 풋풋한 용기가 보이더구나. 머리 손질할 시간도 아꼈던 걸까. 엄마와 아빠의 매무새는 가련할 정도로 아무렇게나 되어 있었단다. 이런 몰골을 하고도 조금도 부끄럽지 않을 때가 진짜 엄마가 되는 순간이지 않을까, 라는 생각이 드는구나.

산하이관 내부로 들어가니 넓은 광장을 중심으로 여러 갈래의 길이 나 있었지. 거리에는 대포도 있었고 낡은 나무배도 전시되어 있었어. 당시 군대 모습을 재현하기 위해 분장한 사람들이 주위의 시선을 받

톈샤디이관

으며 활보하고 있었지. 오삼계 장군인 듯 분장을 한 연기자와 사진도
찍고 용탈춤 같은 공연도 구경하면서 소란스런 곳곳의 분위기를 만끽
했어. 무엇보다 너희들의 눈길을 끈 건 말과 낙타를 타 보는 곳이었지.
너는 과감히 혼자 말을 타 보겠다고 나섰고 둘째는 아빠랑 함께 말을
타고 성내를 한 바퀴 돌았지. 들썩들썩 말을 타고 가는 모습이 마치
명나라 장군 같았어.

　뒤쪽 거리를 걸어가 보니 옛날 가마를 타보는 체험장이 나왔지. 딱
하게도 막내는 내내 유모차에서 자고 있는데 너희들은 가마도 타보겠
다고 줄을 섰지. 노란 전통의상을 입은 두 명의 아저씨가 앞 뒤로 서

서 가마를 어깨에 들쳐 메고 꽹과리처럼 시끄러운 타악기 음악에 맞춰 덩실덩실 춤을 추며 광장 한 바퀴를 돌아 주며 돈을 받았지. 가마 속에 앉은 너희들도 함께 덩실덩실 좌우로 흔들거리는데 좋다며 까르륵까르륵 웃는 모습에 엄마도 싱글벙글했던 기억이 나는구나.

너희들에게 산하이관은 체험학습장처럼 탈 것도 볼거리도 많고 신기한 옛날 물건들이 많았던 곳으로 기억하겠지만, 산하이관은 만리장성의 동쪽 끝에 있는 관문으로 베이징을 북방 이민족으로부터의 침입을 막기 위해 만들어진 성이란다. 산하이山海는 관성關城의 북쪽에 있는 연산燕山과 남쪽 바다 발해渤海의 경계에 있다고 해서 산山과 해海를 합쳐 붙여진 이름이야. 연암 박지원의 <열하일기>를 보면 당시 건륭乾隆황제 칠순 축하연을 위해 온 조선인 사절단도 베이징에 가기 위해 이곳 산하이관을 통과했다는 사실을 알 수 있어. 군사 요충지였

△나무배 ▽거중기와 함께

던 산하이관은 입구에서 주사관이 통행증을 일일이 점검하며 소지품 확인도 할 정도로 출입 통제를 철저히 했다고 하는구나.

연암의 <열하일기> 4권에 보면 "관내정사關內程史"편 중 '산해관기 山海關記'가 있는데 이 산하이관에 관한 이야기가 나온단다. 연암은 책에서 산하이관 성문을 열어준 명나라 장군 오삼계를 '오랑캐를 맞이하기에 급급했던' 인물로 표현하면서 "지금 산해관은 장사꾼이나 여행자에게 부질없이 세금이나 받으며 비웃음을 사고 있으니, 실로 뭐라 할 말이 없도다."라고 쓰고 있어. 당시 조선은 명나라를 따르고 오랑캐였던 청나라를 인정하지 않았으니, 명나라 장군 오삼계가 청나라 오랑캐에게 산하이관을 내준 역사적 사건은 비난을 받을 만했단다. 명나라 초 오랑캐의 침입을 막으려고 개국장군 서달徐達에 의해 지어진 산하이관은 결정적인 순간에 스스로 청나라에게 관문을 열어줘서 명나라의 멸망을 자초하게 되었으니 말이다.

산하이관 성문을 열어 준 장본인 오삼계 이야기를 잠깐 하면 이렇단다. 당시 명나라 황제였던 숭정제는 닝위안청寧遠城 총병이었던 오삼계에게 농민출신 반란군 이자성李自成에 의해 베이징이 함락될 위기에 처했으니 어서 베이징을 방어하라고 명령했어. 오삼계는 명을 받들고 닝위안청을 포기하고 산하이관을 거쳐 베이징으로 향하지. 그런데 오삼계 부대가 베이징으로 오던 중 베이징은 이미 이자성에 의해 점령당했고 숭정제는 자결했다는 소식을 듣게 돼. 더군다나 이자성은 오삼계의 아버지와 일가친척들의 신병을 확보하고 오삼계에게 항복을 요구하지. 오삼계는 고민을 하던 중 자신의 애첩 진원원陳圓圓이 이자성의 부하에 의해 겁탈 당한 것을 알게 됐어. 이에 격분한 오삼계는 산하이관으로 회군하여 이곳을 점령하게 되었지. 산하이관은 베이징으로 쉽게 접근할 수 있는 유일한 성이었는데, 오삼계는 호시탐탐 명나라를 노리던 청나라의 섭정왕 도르곤과 손을 잡고 철옹성인 산하이관의 성문을 열어주지. 1644년 오삼계 대군과 청나라 군대는 이자성의 농민군을 공격하여 괴멸시킨 후 청나라는 완전히 중원을 평정하게 되지.

오삼계가 청나라 예친왕 도르곤에게 산하이관 성문을 열어주지 않았다면 어떻게 되었을까? 오삼계가 청나라가 아닌 자금성에서 황제 즉위식까지 올린 농민 반란군 이자성을 선택했다면 명나라는 계속

새해 일출

이어 갔을까? 정세가 약해가는 명나라 말기, 오삼계가 어떤 선택을 했든 명나라의 숙명은 이미 막다른 길은 아니었을까? 많은 역사적 변혁의 주요 사건들, 한 나라가 멸하고 승하는 것도 어쩌면 대의를 위한 위대한 용단에서 비롯된 결과는 아니라는 생각이 드는구나. 산하이관은 이렇듯 역사적 교두보로서 지금은 수많은 관광객들의 차지가 되었구나.

새해 일출을 보기 위해 모닝콜을 신청했지. 아빠가 제일 먼저 일어나 엄마를 깨우고 너희들도 일어나라 했지만 어젯밤 늦게까지 놀았으니 눈이 쉽게 떠질 리 없었지. 막상 너희들을 깨워 바닷가로 나가 추위에 덜덜 떨며 일출을 보라 하려니 엄두가 나지 않았어. 그래서 아빠는 호텔 라운지로 가서 일출을 볼 수 있는 방향으로 창이 나있는지 확인하고는 룸으로 돌아와 눈도 덜 뜬 너희들에게 주섬주섬 옷을 입히고 라운지로 올라갔지. 이미 두어 가족들이 올라와 일출을 기다리고 있었어. 우리도 일출을 볼 수 있는 테이블에 앉아 기다리고 있었지.

홀 안은 무척 조용했기 때문에 호텔 웨이트리스가 어느 중국 젊은 부부와 대화하는 소리가 들렸어. "일출이 뭐 볼 게 있나요? 전 매일 아침 해 뜨는 거 보는데 똑같아요. 새해라고 별다른 해가 뜨겠어요?" 라고 하더구나. 똑같은 장소에서 매일 뜨는 해를 바라보는 그녀에게는 일출이 별 의미가 없겠구나 싶더구나. 그러는 사이, 뜨겁게 달궈진 동그랗고 빨간 태양이 수평선 끝을 붉게 물들이면서 물 위로 솟아오르는 장관이 펼쳐지기 시작했어. 테라스에서 덜덜 떨며 동영상을 찍고 있던 엄마의 모습이 그 웨이트리스 눈에는 어떻게 보였을까 궁금해졌지. 그녀에게 반복이란 때로는 무의미를 낳을 수 있겠다는 생각이 들었단다. 하지만 오늘 떠오른 태양이 우리에게 일년의 희망을 전해주는 뜨거운 메신저가 되었다는 걸 그녀는 알까?

철옹성 같았던 산하이관이 부질없이 열리면서 청나라 군의 베이징 무혈입성은 저렇게 붉게 떠오르는 태양과 같았겠지. 뜨겁게 떠오르는 태양과 함께 청나라의 찬란한 승리의 깃발을 상상해 보게 되는구나.

동물들이 우리를 구경하고 있어요
친황다오秦皇島진황도 야생동물원

산하이관을 둘러본 다음날 너희들을 위해 친황다오 야생동물원을 찾아갔지. 엄마는 사실 동물원을 별로 좋아하지 않는단다. 구체적으로 말하자면 동물원이라는 공간적 이미지는 낭만적이라 좋다만 막상

울타리에 갇혀 이름표를 달고 사람들의 구경거리가 되고 있는 동물들을 보고 있자면 여러 생각이 든단다. 전 세계 각 지역에서 사는 동물들을 한 곳에 모아 놓고 그들이 사는 곳, 먹는 것, 수명이나 생태에는 전혀 관심이 없고, '저렇게 생긴 동물이 있네, 저건 뭐야, 곰이 비쩍 말랐어, 호랑이다!원래 치타인데.' 등 생김새만 대충 보고 지나가거나 스낵을 던져 주며 즐거워하는 사람들의 감상용 동물원이 되어 버린 것 같거든. 그림책에 나오는 동물들을 실제로 볼 수 있다는 기대감을 갖고 동물원을 가지만 그 기대는 늘 충족되지 못했던 것 같구나.

그러나 이것은 전적으로 상상력이 부족한 엄마의 생각이고, 동물들은 어린 너희들에게 늘 호기심의 대상이 되지. 사람도 동물이지만 생김새가 전혀 다른 움직이는 생물이 살고 있다는 것은 신비로운 일이니까. 그 신비스러움을 언젠가 너희들과 함께 끝도 안 보이는 아프리카 초원에 가서 야생에서 뛰노는 동물들을 만나 다시금 느껴보고 싶구나.

친황다오 야생 동물원은 어디로 가야 할지 모를 정도로 굉장히 드넓었지. 소위 육해공군이 다 있었어. 그냥 걷다 보면 어느새 새장 안으로 들어와 있었고 이름 모를 각종 새들이 날아다녔지. 또 잠시 걷다 보면 연둣빛으로 물든 연못 위로 백조와 흑조 들이 유유자적 헤엄을 치는 모습을 볼 수 있었지. 면적이 넓어서 그럴까, 그들은 비교적 자유로워 보이더구나. 원숭인가 싶어 바짝 다가가 보니 독수리였고 코끼리와 멧돼지들도 건강해 보였지.

한참을 걸어 들어가니 사파리가 나왔지. 기차를 타고 한 바퀴 돌아 나오는 관람코스가 있었어. 맹수들의 공격이 있을까봐 기차 유리문은 굵은 철선으로 둘둘 싸여 있었지. 우리는 망설이다가 이 철창기차를 타보기로 했잖아. 타고 보니 내부는 화물칸처럼 의자도 없이 텅 비어

△코끼리 ▽멧돼지

있었고 관광객들이 버린 쓰레기가 구석구석 쌓여 있었지. 철창기차의 창문은 말 그대로 철창이었는데 어찌나 간격이 촘촘한지 창 밖을 바라보는 시선을 방해하고 있었어. 기차가 출발하자 내부 스피커에서 온갖 맹수들의 울음소리가 퍼져 나왔지. 효과음을 줘서 생동감을 주기 위한 장치였지만 거의 소음에 가까웠어. 너희들은 귀를 막고 얼굴을 찡그려 버렸지.

기차가 움직이자 맹수들의 울음소리와 함께 가이드의 우렁찬 목소리가 스피커를 통해 정신을 쏙 빼놓을 정도로 울려 퍼졌지. 철창기차는 아랑곳하지 않고 밀림의 왕 사자들과 어슬렁거리는 호랑이 사이로 느긋하게 지나갔어. 기차에 탄 관광객들은 철창문에 붙어 야수들을 보려고 애를 썼지만 촘촘히 얽힌 철창 때문에 사진은커녕 육안으로 보기도 어려웠지. 안달이 난 관광객들에 비해 맹수들은 점잖고 품위 있게 걷다가 앉기도 하며 평온하게 우리 쪽을 바라보고 있었지.

숨어 있는 야수들을 가만히 바라보고 있자니 기차는 냉큼 방향을 틀었어. 덩달아 우리의 몸도 덜컹거리며 방향을 틀자 어디선가 곰들이 성큼성큼 나오며 기차로 접근했지. 사람들은 다가오는 큰 몸집의 곰들을 자세히 보고 싶어 철창문으로 더 바짝 다가가 붙었고 그 장면은 마치 되려 동물들이 우리를 구경하는 듯했어. 멀찍이 폼 잡고 앉아 있는 한 수컷사자는 철창기차가 마치 장난감 기차인 양 재미나게 구경하고 있는 듯했단다. 너희들은 뭐라도 움직이는 동물을 보면 환호

△백조 ▽꿩

를 질렀지만, 엄마는 그 안에서 착잡한 기분이 들었던 이유는 무엇일까. 답답하고 소란스런 이 철창 안을 벗어나고 싶다는 생각뿐이었다. 순간 전세계 동물원에 사는 동물들이 엄마 같은 기분이지 않을까 싶었어. 엄마의 기분이야 어떻든 온갖 동물들을 관찰하고 즐기며 놀라워하는 너희들의 모습에 오길 잘했다는 생각이 들었단다.

유모차를 끌고 흙길 위를 저벅저벅 걸어 나가면서, 이곳 야생동물원과 다른 동물원과의 차이점을 발견하게 되었단다. 관광객의 불편함을 감수하게 하는 친황다오 야생동물원은 인간의 편의 중심 관광이기보다는 야생 동물들의 자유로운 생활을 보장해 주는 야생 동물 중심의 동물원이라는 점이다. 불편함에 투덜거렸던 엄마가 부끄러워지더구나. 해외에 살고 있는 너희들도 때로는 자신보다는 다른 사람의 편의와 다른 나라의 문화를 먼저 생각해 줄 수 있는 사려 깊은 사람이 되었으면 좋겠구나.

파괴된 역사의 기억
탕산唐山당산

우리는 친황다오에서 탕산까지 약 2시간 30분 동안 170km를 달렸지. 탕산시를 방문지로 정했던 이유는 20세기 두 번째로 어마어마한 대지진을 겪은 도시이기 때문이야. 1976년 7월 28일 새벽 3시정도 7.8도의 강진이 일었는데 불과 23초만에 약 25만 명이 죽고, 약 16만 여명이 중상, 54만 여명이 경상을 당했단다. 엄청난 재난이었지. 당시 탕산시는 100만 명의 공업도시였다는 것을 감안하면 95%에 해당하는 시민들이 지진 피해를 입었다는 충격적인 사실을 알 수 있단다.

1976 년 여름 대지진의 기억
캉전지녠관抗震纪念馆항진기념관

우리가 도착한 어두워진 저녁, 탕산시는 비가 내리고 있었지. 다음 날 오전에도 세찬 비가 그칠 줄을 모르고 내리고 있었어. 우리는 하는 수 없이 호텔에서 우산을 빌려 쏟아지는 빗줄기를 뚫고 항진기념관을 찾았어. 하필 점심시간이라 문이 닫혀 있었지. 어디 갈 곳도 없었기 때문에 비 구경이나 하며 기념관 입구 처마 밑에서 매표소가 열리기를 기다렸지.

정확히 1시가 되자 입장이 시작되었는데 입장료는 무료였지만 신분증이 필요했어. 우리는 호텔에서 여권을 가져오지 않았지. 어떻게 하면 좋을지 엄마 아빠는 다소 난감해하며 주변을 서성거리고 있었어. 그런데 한 중국인 남자가 아빠한테 다가와서는 뭐라고 얘기를 하는 거야. 아빠는 환히 웃으며 고개를 몇 번이나 끄덕이며 감사의 표시를 하는 것처럼 보였어. 알고 보니 친절하게도 자신의 신분증을 빌려주면서 입장권을 받아 오라 했던 거야. 어찌나 고마웠던지.

그 중국인의 차림새를 보니 관광객 같지는 않았고 이곳 주민처럼 보였어. 외국인에게 흔쾌히 자신의 신분증을 내준 건 '탕산 대지진'을 보러 온 외국인이 신기하기도 하고 우리의 발걸음이 헛되지 않기를 바라는 마음이 있었던 것은 아닐까 싶더구나. 덕분에 우리는 무사히 입장을 할 수 있었지. 내부에는 지진 전과 후의 탕산시의 모습이 고스란히 전시되어 있었다. 고요하던 광산도시가 순식간에 사라진 모습은 숨 막히는 놀라움뿐이었단다. 전시된 처참한 사진들과 복구 과정들을 보면서 안타까움을 금치 못했단다.

탕산 대지진과 관련된 중국 근대사 이야기 좀 하나 하려고 한다. 1966년부터 1976년까지 10년간 진행되었던 중국의 '문화대혁명'이라고 들어 봤을까? 1976년 7월은 '문화대혁명'이라는 거대한 혁명사업이 여전히 진행 중이었어. 그런데 당시 중국 공산당의 리더들이었던 저우언라이周恩来, 주더朱德, 마오쩌둥毛泽东이 잇달아 사망하자 당권 찬탈을 노린 '4인방'이 득세를 하게 되었단다. 4인방은 '탕산 대지진'이라는 거대한 재난 앞에서 외국원조는커녕 외국 기자들을 쫓아내고 이 엄청난 재난을 숨기려 하면서 정치 투쟁에만 혈안이 되어 있었어. 그러다가 결국 그들의 정치적 음모는 탄로 났고 처벌을 받게 되면서

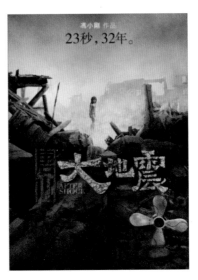
탕산 대지진 영화

이로써 10년 간의 '문화대혁명'은 종식을 맞는단다.

1976년에 일어난 '탕산 대지진'은 '4인방'을 파멸시키고 문화대혁명을 종식시키는 촉매제가 되었다고 평가를 하고 있단다. 너한테 '문화대혁명'이라든가 '4인방'이라든가 하는 말이 무엇인지 낯설고 어리둥절할 거야. 다음 언젠가 중국 현대사를 설명해 줄 기회가 있으리라 생각해. 여기서 '탕산 대지진'은 자연의 대재앙과 함께 중국 역사의 대전환점을 일으킨 사건이었다는 사실을 기억해 두면 좋을 것 같구나.

엄마는 '항진기념관'이라는 명칭이 사뭇 그냥 지어진 이름이 아니라는 생각이 들더구나. 한자를 보면 '일본에 맞서 싸운다'는 의미의 '抗日항일'처럼 '지진에 맞서 싸운다'는 의미로 '抗震항진'을 썼더구나. 중국의 《抗震精神항진정신》이라는 책에서 보면 '항진정신'은 지진에 맞서 싸우는 단합된 협력, 필사적인 노력, 자기애, 자애심, 헌신적인 민족정신이라고 표현하고 있단다. 엄청난 재난 앞에서 단결된 힘과 정신으로 탕산이란 도시는 다시 부활되었기 때문일 거야. '지진기념관'이 아닌 '항진기념관'이라고 명칭을 붙인 이유를 거기서 찾을 수 있지 않을까. 우리 다음에 <탕산 대지진>이라는 영화를 보면서 당시의 아픔을 함께 느껴볼 기회를 찾아보기로 하자.

항진기념관 앞 넓은 광장 끝자락에는 벽처럼 항진기념비가 세워져 있었지. 그리고 기념비 벽면 가득 희생자의 이름이 빼곡히 새겨져 있단다. 관람 후에도 빗줄기는 그칠 줄 모르고 추적추적 내리고 있었지. 마치 탕산 시민들의 눈물처럼 빗줄기가 땅에 닿는 소리는 무척이나 애처롭고 구슬프게 느껴졌단다.

파헤쳐진 청나라 황실의 능
칭둥링清東陵청동릉과 칭시링清西陵청서릉

지난번 백석산 가는 길에 칭시링清西陵에 들리면서 언젠가 칭둥링清東陵도 가보면 좋겠구나 싶었는데 이렇게 화창한 봄날 으스스한 무덤을 찾게 되었구나. 칭둥링은 순치順治 황제 때부터 건립된 청나라 황실의 능침이란다. 어느 날 순치제가 사냥을 하러 나갔다가 그곳 산세가 용의 기운이 넘치는 걸 보고는 명당이라 여겨 화살을 쏘아 올려 떨어진 곳을 자신의 묘자리로 지정하였다고 하는구나. 그리하여 칭둥릉에는 1661년 첫 무덤인 순치황제 능침부터 1908년 마지막 자희 태후의 능침까지 황제묘 5기, 황후묘 15기 등의 능이 있게 되었단다.

　베이징을 중심으로 칭둥링은 동쪽으로 125Km 떨어진 허베이河北 탕산시唐山市 준화遵化에 위치해 있고, 칭시링은 서쪽으로 120Km 떨어진 허베이 바오딩시保定市에 위치해 있단다. 그럼 궁금해지는 게, 왜 청나라 황실의 무덤은 칭둥링과 칭시링 두 곳으로 나뉘게 되었을까. 칭시링은 옹정雍正 황제 때 건립되었는데 옹정제가 아버지 강희제康熙帝의 뜻을 거역하고 왕위에 올랐기 때문에 죽을 무렵 아버지가 묻히신 칭둥링으로 갈 수 없어서 서쪽에 묘자리를 만들었다는 이야기가 있단다. 그 후 옹정제의 아들 건륭제乾隆帝는 고민이 되었어. 아버지 옹정제보다 할아버지 강희제를 더 좋아하고 존경했기 때문에 할아버지 곁에 묻히고 싶었거든. 하지만 그렇다고 아버지 홀로 칭시링에 계시게 할 수도 없는 일이었어. 건륭제는 생각 끝에 이후 황제들의 묘를 칭둥링과 칭시링에 번갈아 가며 모시기로 했다는 거야.

　그러니까 칭둥링에는 3대 순치제, 4대 강희제, 6대 건륭제, 9대 함풍제, 10대 동치제 능이 있고 칭시링에는 5대 옹정제, 7대, 가경제, 8대

칭둥링

옹정제 묘비

도광제, 11대 광서제 능이 교차로 묻히게 된 거지. 아버지 옹정제 곁에는 후세 황제들이 함께 있게 되었을 뿐만 아니라, 또한 아버지에 대한 효를 잊지 않은 격이 되었으니 건륭황제의 기지가 돋보이는 처사라는 생각이 드는구나. 게다가 두 곳 모두 세계문화유산으로 지정되어 후대에게는 소중한 문화가치를 선사해 주었고 말이다.

너희들에게 지도를 꺼내 이게 모두 황제들의 무덤이었다고 알려줬을 때 너만 약간 놀랐을 뿐 다른 두 녀석들은 아무런 감흥도 표정도 없었지. 너희들 눈에는 그저 옛날 집이나 사원 들을 둘러보는 것에 지나지 않았을까 싶구나. 그럴 듯도 한 게, 너희 인생의 역사도 불과 몇 년밖에 지나지 않았는데 몇 백 년 전의 역사를 이해하는 건 무리겠지. 그래서 이번 기행을 계획하면서도 너희들을 그저 끌고 다니는 건 아닌가 라는 생각이 들어 몇 번을 망설였지. 그래도 결론은 몸으로 느끼는 체득이 후에 너희들의 삶 속에 스며있을 거라 확신하고 길을 나선다.

도굴된 건륭제 위링裕陵유릉과 자희태후 츠시링慈禧陵자희릉
칭둥링清東陵청동릉

칭둥링 입구에서 황제들의 능이 있는 곳까지 운행되는 관광버스를 타고 들어갔지. 스파이팡石牌坊, 다훙먼大紅門, 순즈선공성더베이러우順治神功聖德碑樓, 스샹성石像生, 마지막으로 치쿵차오七孔橋까지 거쳐 가니 약 15분은 소요되더구나. 입구에서 무덤까지의 거리가 약 6km라

츠시링 후경

고 하니, 그 당시 참배 한번 드리기 위해 걸었을 것을 생각하면 상당한 시간과 노력이 소요되었을 것 같구나. 우리는 지도를 확인하고 가까운 동선을 파악한 후 건륭황제의 위링裕陵유릉과 이름만 들어도 어마어마한 서태후의 츠시링慈禧陵자희릉을 둘러보기로 했지.

츠시링

광활한 공원 같은 길목에 세워진 표지판을 찾아가며 간신히 건륭제의 위링 입구까지 걸어갔지. 뭐가 이리 넓은지, 너희들을 데리고 무작정 앞만 보고 걷기만도 쉽지 않았지. 어렵사리 도착한 위링의 지하궁전은 마치 산속 동굴과 같은 으스스하고 서늘한 기운이 덮쳐 왔어. 무섭다는 막내의 목소리가 벽을 타고 천장을 울렸지. 한참을 걸어 오느라 뜨거웠던 머리를 말끔하게 식혀주는 시원함에 한결 나아졌지. 그런데 기분 탓인가, 무덤 아래로 들어가면 갈수록 목덜미에 찬물을 끼얹듯 정신이 번쩍 들었지. 식은땀이 등허리에서부터 올라오는 듯했지. 능침문陵寢門 4개를 거쳐 두 개의 돌문을 지나니 건륭제의 관이 놓여 있었고 옆 쪽으로 효의황후와 숙가황귀비의 관이 유리관에 덮여 함께 놓여 있었다. 효의황후의 묘는 유리관만 있었는데 이유는 관을 도난당했기 때문이란다. 이렇게 가까이 코 앞에서 황제의 능을 볼 수 있다니, 여기서 좀 안타까운 이야기를 해야 할 것 같구나. 청나라가 멸망하고 얼마 되지 않아 1920년대 중국 북부지역에서는 군벌들이 난립하였지. 북부지역 군벌이었던 쑨뎬잉孫殿英은 중국 국민당의 북벌로 쇠퇴해진 군자금을 마련하기 위해 맨 처음으로 무덤을 도굴하기로 한 거야. 청나라가 망하기 전에는 팔기군들이 무덤을 지켰지만 청나라가 무너지고 나서는 아무도 칭둥링, 칭시링을 지키지 못했단다. 그러니까 황제들의 무덤은 폭약을 가지고 있던 군벌들로서는 마음만 먹으면 쉽게 들어갈 수 있는 곳이었기 때문에 칭시링과 칭둥링은 여러 차례 걸쳐 도굴을 당했단다.

『황제의 무덤을 훔치다』라는 책을 읽어 보니 군인들이 돌문 입구를 폭약으로 폭파하고 들어가 엄청난 가치의 부장품들을 챙겨 갔더구나. 특히 서태후의 시신은 옷이 벗겨진 건 물론 서태후 입 속에 있던 '야명주'를 꺼내기 위해서 목구멍에서 입까지 칼로 갈라 버리기까지 하며 무참히 훼손을 하였다고 하는구나. 빛을 뿜는 야명주는 더위를 막아 주어 죽은 사람에게 물리면 시체가 천 년이 지나도 썩지 않는다고

돌기둥

건륭제의 파손된 무덤

건륭제 유릉 지하궁전 통로

폭파된 문

알려진 구슬이란다. 쑨뎬잉과 참모들은 먼저 묘로 들어가 자신들의 몫을 충분히 챙긴 후 부하들에게 20분의 시간을 주고 마음껏 부장품을 챙기게 하였지. 그 시간 동안 군인들은 조금이라도 더 가지기 위해 서로 치고 받고 싸우며 지하궁전은 아수라장이 되었다지.

　서로 많이 갖겠다고 싸우다가 죽은 사람도 있었다고 하니, 20분이라는 약탈의 시간은 그야말로 지옥의 시간이 아니었을까 싶구나. 그런 아귀다툼 같았던 약탈의 공간에 서 있으려니 심장이 으슬으슬 떨려 왔단다. 쑨뎬잉은 자신의 만행을 감추기 위해 죽은 부하의 시체도 가지고 가고 이를 무마하기 위해서 국민당 간부들에게는 엄청난 뇌물을 바쳤다고 하는구나. 이러한 치욕적인 도굴은 퇴위한 황제 푸이에게 알려져 견디지 못할 비통함을 안겼다고 하니, 그 참담한 역사의 현장을 이렇게 눈으로 보게 되는구나.

　사진을 찍지 말라는 표지판이 있었지만 관리자가 없는 걸 확인하고 엄마는 떨리는 마음으로 서태후의 관을 사진에 담아 보았단다. 사진

자희태후 룽언뎬 내부

자희태후 무덤

속에는 도굴을 감행하는 이들의 희비의 비명 소리가 묻어나는 것만 같아서 찍고 나서도 마음이 두근거렸다. 서태후가 서거한 후 장례 행렬에 무려 수만 명이 동원되어 칭둥링까지 가는 데에만 1년이 걸렸다고 하는구나. 절대 권력을 휘둘렀던 서태후의 사후가 이처럼 처참하게 남겨졌다는 것에 대해 후대들은 어떻게 이해하면 좋을지, 어려운 숙제로 남게 되는 것 같구나.

자희태후의 룽언뎬隆恩殿용은전 내부는 벽면이며 천장이며 금박으로 화려한 문양이 새겨져 있었고 기둥은 옥빛의 용이 빙글빙글 감겨 있어 화려함을 더했지. 하지만 색이 많이 바래지고 도굴꾼들에 의해 훼손된 흔적이 남아 건축될 당시의 사치스러움은 찾아볼 수는 없었지만 한눈에 보아도 서태후가 이승에서 사후 세계를 위해 이미 만반의 준비를 했겠구나 짐작할 수 있었단다. 부채와 신발만 매장했다던 순치제의 능만 도굴을 면하고 당시 최고 권력이었던 서태후를 비롯한 강희제, 건륭제의 무덤은 모두 능욕을 겪게 되었다는구나.

롱언뎬

과연 효자일까, 옹정제의 타이링泰陵태릉

칭시링清西陵청서릉

옹정제의 타이링이 있는 칭시링에는 광서제의 충링崇陵숭릉까지 모두 14기 능침이 있단다. 우리가 도착했을 때 무슨 의식을 하고 있었잖아. 건륭황제가 아버지 옹정제 무덤에 참배를 하러 오는 장면을 연출하는 듯 보였어. 연기자들은 모두 마을 주민들을 섭외했는지 서로 희희낙락 여담을 나누며 어설픈 연기가 펼쳐졌지. 청나라 병사들의 복장을 한 자신들의 모습이 꽤나 어색하고 멋쩍었는지 순진무구한 붉은 웃음을 서로에게 보내며 연기하는 모습들이 재미있었단다. 많은 관광객들이 그들 행렬을 따라 움직이며 동영상과 사진을 찍는 모습을 보니 아마도 과거 황제들의 모습을 추억하고 싶어하는 것 같았다. 엄마도 덩달아 그들을 비집고 사진 몇 장을 찍고 돌아오니까 아빠는 마을 사람들 찍어서 뭐하냐며 비아냥거리는 웃음을 짓더구나.

청나라 능묘의 건축 양식은 명나라 13릉을 바탕으로 유사하게 지어졌고 칭둥링과 칭시링에 있는 능묘 모두 동일한 양식이었어. 옹정제 밍러우明樓로 들어가 묘를 둘러싼 보성宝城 둘레를 한 바퀴 돌면서

황제의 참배 공연

옹정제 타이링 입구

우리 조선 시대 왕들의 능과 건축 양식이 참 다르다는 생각을 했단다.
마치 후세 사람들이 잘 관람할 수 있도록 설계된 게 아닌가 라는 착각
이 들 정도로, 능묘 건축 구조는 관람자의 시선과 동선 이동에 용이하
게 되어 있었지. 지하궁전의 설계 또한 황제들의 관을 보관하는 동시
에 엄청난 부장품을 함께 넣기 위함이 아니었을까 라는 생각이 들었
어. 책에서 말하듯 '망하지 않은 나라 없고, 도굴되지 않은 무덤 없다'
고 대부분 황제들의 지하궁전은 도굴꾼들에 의해 여지없이 파헤쳐졌

지. 족히 두께가 30센티미터는 되어 보이는 돌문에 폭파로 인해 둥그렇게 패인 흔적은 산 자들의 그릇된 욕망의 자국으로 남겠지.

2년 전 겨울 한국 여주시에 놀러 갔을 때 영릉英陵에 간 적이 있었는데 기억이 날까? 초등 1학년 아이들이 가장 존경하는 위인 순위 1위인 세종대왕의 능묘말이야. 날씨도 춥고 평일이어서 그런지 관광객은 우리밖에 없었잖아. 여주에 놀러 가지 않았다면 세종대왕릉이 그곳에 있었다는 것도 몰랐을 엄마의 무식함을 혼자 속으로 달랬었단다. 한적하게 걸어 들어가니 선비 같은 소나무들에 둘러싸여 작은 언덕처럼 솟은 봉분이 근엄하고 자애로운 자태로 500년이 넘는 세월을 품고 우리를 내려다 보고 있었어. 능묘의 건축설계가 따로 있을 거라는 생각이 안 들 정도로 단조로웠지만 세종대왕의 영릉은 약간의 손상도 없이 그대로 보존되어 왔지. 세종대왕의 능과 건륭황제의 능의 건축 규모가 눈에 띄게 다르다는 걸 직접 봐서 알겠지만, 그 차이가 청나라 황제는 생존해 있을 때 무덤을 만들었던 것과 달리 조선은 왕이 승하한 후 무덤을 만들었기 때문인지도 모르겠구나. 다시 말하면 산 자의 욕심과 죽은 자의 겸허가 우리에게 무언가를 보여주고 있다는 생각이 드는구나.

옹정제 타이링 봉분 둘레길

러허热河열하가 흐르는 곳
청더承德승덕

청더承德승덕하면 가장 먼저 떠오르는 게 박지원의 <열하일기>란
다. 청더는 청나라 때 '러허热河'라 하였고 박지원은 '열하'를 책제목
으로 지었을 만큼 청더의 인상을 가장 많이 글로 남겼어. 건륭황제
칠순 잔치 축하 사절단으로 온 박지원은 이곳 청더에서 엿새 동안
머물고 다시 베이징으로 되돌아갔지.

베이징에서 약 250km 가량
떨어진 이곳을 연암 일행은 거
의 무박 5일의 일정으로 강행
하여 도착하였다고 하는구나.
황제의 칠순 잔치에 늦을까봐
얼마나 안절부절 발길을 재촉

했을까 싶구나. 우리는 차를 타고 겨우 3시간 남짓밖에 걸리지 않았으
니 당시 연암이 이 광경을 봤다면 시공간을 초월한 세계라 느껴지지
않을까 싶다.

열하일기 때문에 더 친근하게 느껴지는 이곳 청더라는 지역은 청
나라 황제들의 피서지였어. 우리도 여름에 더위를 피해 바다를 찾아
동해로 남해로 가잖아. 청나라 황제들도 러허热河열하강을 끼고 비슈
산쫭과 와이바먀오를 지어 매년 이곳에서 장기간 머물며 지냈단다.

청나라 황제들의 여름궁전

비슈산좡避暑山莊피서산장

    중국어 발음으로 비슈산좡은 우리에겐 피서산장이란 한자음으로 더 익숙하지. 그 유명한 비슈산좡으로 들어서니 베이징에 있는 어느 공원과 같았어. 여름 피서지만의 특별한 분위기를 느끼지는 못했지만 지도를 보고 엄청 넓다는 걸 알 수 있었지. 내부의 모습은 단아하면서도 소박하고 자연 그대로의 정취가 느껴졌단다.

    비슈산좡은 1703년 강희황제를 시작으로 옹정황제, 건륭황제까지 삼조에 걸쳐서 1792년 완성되었다고 하는구나. 이렇게 오랜 기간 지은 만큼 현재 중국에서도 가장 큰 고대 궁전이라고 해. 우리는 지도에서 코스 하나를 선택해 방향을 잡고 계속 걸어나갔지. 궁전 구역, 평원

구역, 산간 구역, 호수 구역 등 4개로 구분되어 있었어. 규모가 크다 보니 우리는 짧은 동선을 선택해서 갔지. 너른 평지에서 산책하듯 풀꽃을 따라 걷다 보면 돌산이 나와서 아슬아슬 오르락내리락하고, 또 걷다 보면 어느새 호수가 눈 앞에 펼쳐져 호숫가를 유유자적 따라 걷기도 했잖니. 다섯 가족의 발걸음이 제각각이라 너희들은 아빠와 앞서거니 뒤서거니 가고 있었고, 엄마는 막내를 데리고 유모차도 끌고 들고 하면서 너희들을 놓칠세라 뒤쳐진 거리를 따라 잡으려 부지런히 가고 있었지.

그 유명한 러허熱河를 언제 보려나 기대하며 걸어가는데 작은 시냇물이 흐르는 곳 중앙에 커다란 돌기둥 하나가 우뚝 서 있었어. 정면으로 붉은 글씨로 '熱河'라고 쓰여 있었지. '오호라, 여기가 열하구나.'하며 보물을 찾은 듯 두 눈을 활짝 떴지. 작은 시냇가 사이로 '熱河'라고 새겨진 돌비석은 조금은 외롭게 서서 '저 여기 있어요!'라고 처량하게 외치고 있었어. 지나가는 중국 관광객들은 별 관심이 없는 듯 보였어. 아마도 박지원의 <열하일기>를 읽어 보지 못해서 그런 듯하구나. 단체로 온 한 무리의 한

비슈산쟝 현판

러허

국 관광객들이 삼삼오오 모여 돌 비석 앞에서 사진을 찍더구나. 우리
도 그들 뒤를 따라 순서를 기다려 가족 사진을 찍었지. 돌 비석 옆에
바싹 붙어 즐거운 표정으로 찍은 그 사진을 다시 보면서 감개무량한
기분이 들었단다. 1780년 연암 박지원은 이곳 러허에 손을 담가 보며
무슨 생각을 했을까?

비슈산쟝을 그렇게 돌아 나오며 가판대에서 파는 지도 하나를 샀단
다. 마치 한번이라도 더 올 것처럼 지도를 펼쳐 들고 지나온 곳과 본
곳, 못 가 본 곳 등을 볼펜으로 체크해 보았지. 과연 넓긴 넓더구나.
1시간 남짓 열심히 걸었다고 생각했는데도 정원의 반도 눈에 담아
오지 못한 것 같더구나. 이곳은 강과 산과 다리와 나무들의 조화가
자연 그대로의 모습으로 참 아름답게 펼쳐져 있었어. 과하지도 않고
모자라지도 않게 많은 인파들 사이에서도 평안과 고요를 느낄 수 있
었단다. 베이징과 가까우니 또 올 일이 있겠지 하며 우리는 와이바먀
오로 이동했지.

비슈산좡을 둘러싼 여덟 개의 사당

와이바먀오外八廟외팔묘

와이바먀오는 비슈산좡의 외곽에 지어진 절들이 모두 8개의 불교
사원이라고 해서 와이바먀오外八廟인데, 실제로는 좀더 많은 건축물
이 있다고 하더구나. 그중 티베트 라싸拉薩에 있는 포탈라궁과 비슷하
게 생긴 푸퉈쭝청즈먀오普陀宗乘之廟보타종승지묘를 볼 수 있었지. 아닌
게 아니라 1771년 건륭황제가 라싸에 있는 포탈라궁을 조사하여 외관
은 똑같게 하고 규모만 1/4로 축소하여 지으라고 명령을 했다고 한다.
엄마는 티베트를 2004년에 다녀왔었는데 한눈에 봐도 푸퉈쭝청즈먀
오는 라싸 포탈라궁의 축소판이었어. 눈에 익은 건축물을 보게 되니

푸퉈쭝청즈먀오

쉬미푸서우즈먀오 입구

반갑더구나. 이 푸퉈쭝청즈먀오는 와이바먀오 중 가장 큰 규모로 건
륭황제가 어머니의 팔순을 기리기 위해서 세운 것이라고 하는구나.

건륭황제는 청나라의 기틀을 잡고 눈부신 발전을 일으킨 할아버지
인 강희황제를 가장 존경하고 본 받고 싶어했다고 하는데 그래서 그
런지 그도 강희황제 못지 않은 위대한 황제였단다.

와이바먀오 중 하나인 쉬미푸서우즈먀오須彌福壽之廟수미복수지묘는
판첸라마의 행궁으로 건륭황제가 판첸라마 6세를 치하하여 만들었다
고 하는구나. 건륭황제의 칠순 축하연을 위해 1년 동안 티베트에서
러허까지 걸어 온 판첸라마를 위해 만든 사원인 거야. 열하에 머무는
동안 집처럼 편히 지내시라고 쉬미푸서우즈먀오를 지어준 건륭황제
와 그의 칠순을 축하하기 위해 1년이라는 시간 동안 서쪽 끝에서 동쪽
끝으로 온 판첸라마의 돈독한 사이를 느낄 수 있었어.

연암 일행은 쉬미푸서우즈먀오에서 건륭황제의 명령으로 판첸라
마를 접견하였다고 해. 당시 유교 사상을 중시했던 조선의 사신들은

불교의 지도자에게 예를 표하는 것을 무척 불쾌하게 생각했다고 하는 구나. 건륭황제가 조선 사신들에게 판첸라마를 접견할 수 있는 기회를 준 것은 호의를 베푼 것일 터인데 조선 사신들은 고민을 하게 되지. 결국은 황제의 명이기 때문에 라마를 접견하게 된단다. 1637년 병자호란 때 한번 이야기해 줬던 인조의 '삼전도의 굴욕'이라고 들어 봤지. 명나라를 받들던 조선이 후금청나라의 홍타이지가 인조를 삼전도에서 무릎을 꿇게 하고 항복하여 청나라에 복속된 사건말이야. 이 사건으로 조선은 청나라의 신하국으로 되었지만 조선의 고관대작들은 여전히 명나라를 받들어야 한다는 기조를 이어 갔지.

건륭황제가 판첸라마를 모시며 존중하고 불교를 숭상했던 이유는 이민족을 포용하여 통일 국가를 공고히 하기 위함이었어. 그는 티베트와 몽골 지역의 소수민족 종교와 풍속을 받아들여서 여러 민족을 융화하여 중앙 집권을 강화하려는 전략이 있었던 거야. 그래서 사원의 편액扁額을 보면 만주어, 한어, 티베트어, 몽골어 등 네 개의 언어로

쉬미푸서우즈먀오

쉬미푸서우즈먀오에서 본 전경　　　　　쌍탑산

꼭 명시해 두었어. 파란색 바탕에 그림처럼 보이는 글씨를 한번 눈여겨 보려무나.

푸튀쭝청즈먀오의 대홍대 계단을 올라올라 전경을 바라보니 산으로 둘러싼 청더의 풍광을 느낄 수 있었지. 산과 평야, 강이 어우러진 이곳은 황제들의 여름 피서지로 제격일 수 있겠구나 싶었단다.

마지막으로 우리는 리프트를 타고 쌍탑산을 올랐지. 몽둥이 모양의 쌍탑은 우뚝 서서 앞으로 쓰러질 듯 아슬아슬하게 보였어. 하늘에서 거인이 쓰던 요술 몽둥이 두 개가 떨어져 꽂혀 있는 듯했지. 설악산의 흔들바위처럼 관광객들의 눈길을 사로 잡고 있더구나. 너희들이 힘들어 한 탓에 우리는 끝까지 가 보지는 못하고 멀리서 바라만 봤지.

산자락을 무대로 대형 야외 공연
캉시다뎬康熙大典강희대전

스케일이 엄청난 야외 공연이라는 얘기를 듣고 기대를 잔뜩 하고 본 공연인데, 결과는 기대 이상이었지. 산과 산을 배경으로 그 사이에 놓여진 무대는 실내에서는 상상도 할 수 없는 장치들로 화려하기 그지 없었지. 어두운 밤이라 그런지 밝은 조명은 충분히 빛을 내고 있었어. 수많은 인원들이 동원되고 군무며 등장 인물들이 입은 청나라 때 의상들에 눈을 뗄 수 없었단다. 대국의 무대 스케일은 못 따라갈 것 같더구나. 너희들도 탄성을 지르며 보다가 중반쯤에서 어린 녀석들은 잠이 들더구나. 찬 공기에 감기에 들지 않을까, 입장 전에 사 두었던 방석과 담요를 몸에 둘둘 말아 추위를 막을 수 있었지. 입구에서 방석과 담요를 팔 때는 추우면 얼마나 춥겠어 하면서도 가격이 저렴하길래 사 두었던 걸 요긴하게 쓰게 되었구나.

공연이 끝난 후 주차장까지 한참을 걸어 나와서 셔틀을 타고 호텔에 가야 했지. 잠든 너희들 때문에 하나는 안고 하나는 업고는 춥고 어두운 긴 길을 걸어야 했어. 담요와 방석을 팔던 그 많던 상인들은 다들 집으로 돌아간 것 같더구나. 싸늘해진 공기와 어둠을 뚫고 걸어가는데 공연 중에 강희황제 앞에 차려진 각 지역의 산해진미 음식들이 떠올랐다. 슬슬 시장기를 느끼며 야식이 생각나더구나. 어마어마한 규모의 공연을 보고 난 후의 허기는 무엇으로도 채우기 힘들 것 같다는 생각이 들었다.

캉시다뎬의 스케일은 사람의 수십 배 크기의 불상만으로도 압도적이었지. 야산을 무대 배경으로 수십 명씩 펼쳐지는 화려한 군무는 웅장함의 진가를 보여 주더구나. 늦게까지 진행된 일정으로 피로했던 탓에 너희들은 모두 깊은 잠에 빠져들었지.

베이징

청시링
랑야산
바오딩

핑야오구청

취푸

뤄양

제 **4** 편

남쪽으로 펼쳐진
중국 고대의 숨결

공자님의 고향을 찾아
취푸曲阜곡부

이곳 취푸는 공자의 고향, 공자의 마을이란다. 공자는 춘추 시대 노나라 때 정치가이자 사상가였어. 공자가 기원전 551년에 태어났으니까 지금으로부터 2500년 전의 사람이지. 2500년 전이라, 네 나이를 생각해보렴. 얼마나 오랜 세월이 흘렀는지.

취푸曲阜에는 여전히 공자의 후손들이 살고 있어. 우리나라 안동이나 경주에 있는 집성촌처럼 말이야. 취푸에 쿵린孔林공림, 쿵먀오孔廟공묘, 쿵푸孔府공부가 있는데 이를 삼공三孔이라 부르지. 바로 우리가 오늘 갈 곳이야. '쿵푸孔府'는 공자의 후손들이 모여 살고 있는 곳이고 '쿵린孔林'은 공자 후손들이 묻혀 있는 공동묘지 그리고 '쿵먀오孔廟'는 바로 공자를 모신 사당이란다.

공자 후손들의 공동묘지
쿵린孔林공림

우리가 가장 먼저 도착한 곳은 쿵린이었지. 쿵린은 공자 후손들의 공동묘지란다. 말만 들어도 으스스하지? 여기에 무려 1만 여 개의 무덤이 있다고 하니 세계 최대 규모라는 것에 의심할 여지가 없구나. 후손들의 무덤은 시대별로 나뉘어 있고 그중 쿵孔씨 가문으로 시집온 청나라 4대 황제 강희제의 공주 묘도 있다고 하는구나. 최근에 76대, 78대손의 묘가 묻혔다고 해.

여기 입구에서부터 좀 눈 여겨 볼 건 무엇이냐 하면 양쪽에 멋들어지게 서 있는 측백나무의 개수야. 오른쪽은 73그루, 왼쪽은 74그루의 측백나무가 쿵먀오를 지키는 충성스런 병정처럼 서 있단다. 73과 74라는 숫자는 말이야, 바로 공자의 애제자 73명과 공자가 세상을 떠난 나이 74세를 뜻하는 거란다. 듣고 나니 그냥 가로수처럼 보이지는 않지?

네가 열심히 측백나무 숫자를 세는 동안 우리는 측백나무의 독특한 생김새를 감상하며 걸어갔어. 나무 기둥에서 힘차게 뻗친 가지들의 모양이 독수리처럼 생긴 것도 있고, 뱀이 가지에 돌돌 말려 있는 것 같은 모양도 있었지. 그런데 여기에는 왜 하필 측백나무만 이렇게 많은 걸까? 이유는 쥐가 싫어하는 나무라서 오래도록 보존될 수 있기 때문이라고 하니 선조들의 지혜를 엿볼 수 있겠더구나.

측백나무

그렇게 우리는 열심히 걸어서 전기자동차가 있는 곳까지 갔지. 산책하듯 걸어서 구경할까 하다가 공동묘지를 산책한다는 건 아무리 대낮이라도 섬뜩한 기분도 들고 다리도 좀 쉬어야 할 것도 같아 전기차를 타고 한 바퀴 돌기로 했지. 우리는 뒷배경을 감상할 수 있게 맨 뒷자리에 앉았지. 맨 뒷자리는 뒤를 향하게 되어 있어서 오래도록 우리를 따라오는 경치를 감상할 수 있었어. 떡갈나무 숲 사이로 셀 수 없는 무덤과 묘비가 오밀조밀 밀담이라도 하듯 모여 있었는데, 입이 떡 벌어지더구나. 만 개가 넘는 무덤이 수천 년의 세월을 비웃기라도 하듯 이렇게 평온한 모습으로 하나의 마을을 만들고 있다는 게 너무나 놀라웠단다. 그 세월의 엄숙과 애환을 고스란히 느낄 수 있었는데 너는 어땠니?

무덤이 뭔지도 모르는 막내는 전기차 타는 게 마냥 즐겁고 풍선 하나 손에 들고 세상을 다 얻은 듯 기뻐하고 있으니, 즐거움이란 남녀노소 각자의 영역에서 찾을 수 있는 것이지 모두가 공감할 수 있는 건 아닌가 보더구나.

우리는 전기차에서 내린 다음 기다리고 기다리던 공자의 묘를 찾아갔지. 역시나 이곳은 사람들로 붐비더구나. 공자님의 무덤은 다른 무덤에 비해 크기가 커서 낮고 작은 언덕 같았단다. 오른쪽에 하늘 높이 서 있던 측백나무 한 그루가 공자님을 지키고 있는 것 같았지. 동생들은 분주히 들락거리는 사람들 틈바구니에서 바닥에 떨어

공자묘

진 회화나무 씨앗을 모으는 데 여념이 없었지. 너희들이 사람들이 지나다니는 사이에서 밟히지나 않을까 걱정이 되면서도 봐야 할 건 봐야 하니 놀게 놔두고 엄마는 주위를 둘러 보았지.

왼편에 있던 공자의 아들 쿵리孔鯉공리의 무덤과 공자의 손자이자 '중용中庸'의 저자인 쿵지孔伋공급의 무덤에 가서 인증사진을 찍었지. 비교적 인적이 드물었던 쿵지의 묘 앞에서 너희들은 서로 사진을 찍어 달라며 경쟁하듯 이상한 포즈를 취했지. 공자님이 이 모습을 본다면 뭐라고 하셨을까, 경박하다며 나무라지 않으셨을까?

그 다음 코스 쿵푸孔府까지는 10분정도 차를 타고 갔는데 도처에 밀집되어 있는 주차장 때문에 입구를 찾는데 좀 애를 먹었던 기억이 나는구나.

공자 후손들의 마을
쿵푸孔府공부

우리가 미리 자료를 찾아봤을 때 쿵푸에는 아직도 자손들이 살고 있다고 했는데 막상 와 보니 그렇지 않더구나. 쿵푸는 텅 비어 있었지만 주위에 작은 상점들과 가정집으로 보이는 단층집들이 모여 있어서 이곳에 작은 마을을 이룬 것 같았지. 티켓을 확인하고 내부로 들어가니 일반적인 사원에서 볼 수 있듯 대성전 같은 성전이 중심에 있고 양쪽으로 작은 집들이 일렬로 나란히 이어져 있었어. 물론 정말 사람들이 살고 있지는 않았지.

천천히 산책을 하듯 여러 집들을 통과해 맨 뒤편에 자리한 정원 입구에 들어서는 순간 매혹적인 꽃향기가 풍겨 나와 코끝을 번뜩이게 한 거야. 상큼한 꽃향과 달콤한 과일향이 한데 어우러진 그 향. 딱히 무슨 향기라고 말할 수가 없어서 얼마나 애를 먹었는지. 생각해 내고 싶은데 생각나지 않을 때의 고통이란. '으흠, 향이 너무 좋은데 도대체 어디서 나오는 향이지?' 궁금했지만 소개도 안내도 없는 냄새의 출처를 찾기는 어려운 일이었다.

동생들은 뭘 발견했는지 들어가지 말라고 둘러막아 놓은 끈을 뚫고 안으로 들어가더니 둘이서 한참을 놀았지. 한걸음에 달아난 녀석들한

테서 눈을 떼지 않고 바라보고 있는데 "엄마, 엄마 이리 와봐." 불러대는 통에 엄마도 그 안으로 들어갔지. 둘이서 손바닥 위에 한 가득 오렌지색 아주 작은 꽃을 따와서는 "엄마, 이거 냄새 맡아 봐."라고 내민 손에 코를 댔더니 바로 엄마가 찾던 그 향이더구나. 그 꽃은 막내 새끼손가락 손톱보다도 작았는데 마치 초미니 국화꽃 모양 같았어. "아하 그래 이 꽃나무였어!" 보물지도에서 보물을 찾은 듯 기쁜 탄성을 지르는데 갑자기 "你们都出来吧. 这里不能进.여기서 나가세요. 여기는 들어가지 못하는 곳이에요."라는 사납고 따가운 일침소리가 들려왔어.

파란색 작업복을 입은 아저씨 한 분이 가만 있어도 험상궂게 생긴 얼굴인데 이마에 깊은 인상까지 쓰며 우리를 향해 나가라고 소리를 지르시잖아. 너희들이고 엄마고 깜짝 놀라서 들어왔던 곳으로 얼른 빠져 나왔지. 그 작업복 아저씨는 소리지른 것으로 성이 안 찼는지 우리 쪽으로 성큼성큼 다가와서는 "你们为什么进去, 让他们小心. 거기를 왜 들어갑니까? 아이들 조심시키세요"라며 차갑게 한 마디 던지시고는 가 버렸지. 그곳을 떠나야 했지만 꽃나무에서 바람을 타고 흘러나오는 꽃향기가 너무나 황홀해서 엄마는 관리 아저씨의 눈치에도 아랑곳하지 않고 주변을 한참 기웃거리며 향기에 취해 있었단다.

이곳에 살았던 공자의 후손들이 그 옛날부터 이런 향기로운 냄새를 맡으면서 마음의 평온을 얻어 공자처럼 마음 넉넉한 사람들이 모여 살지 않았을까 상상해 본다. 그 상큼한 향은 마음의 안정을 찾아주고 입가에 미소를 짓게 하는 잔잔한 기쁨을 선사해 주더구나.

저쪽 너머에 악기 소리가 나서 가 봤더니 정자에 무대를 만들어 경극을 하고 있었지. 막내는 시끄럽다고 귀를 막고 우리는 앵앵거리는 경극을 한참이나 구경했지. 경극이 끝날 기미가 안 보여 우리는 그만 일어나 쿵푸를 빠져 나왔는데 바로 옆에 붙어 있을 줄 알았던 쿵먀오孔廟공묘가 완전 반대편 쪽에 있다는 걸 알게 됐어. 한참을 걸어 가야 할 생각을 하니 마음부터 지쳐서 터벅터벅 걷고 있는데, 오토바

미니 전동차

이를 개조한 미니 전동차가 다가와 10위안에 우리 식구 모두를 태우고 쿵먀오 입구까지 편안히 데려다 줬지. 그때 너와 막내는 운전하는 아줌마 옆자리와 무릎에 앉아 아슬아슬 달리는 색다른 경험을 했잖아. 엄마는 미니 자동차가 신나게 달리는 동안 차가 한쪽으로 쏠려 넘어지지나 않을까 얼마나 조마조마 했는지 모른단다.

중국 4 대 원먀오文廟

쿵먀오孔廟공묘

'진정한 앎은 자신이 얼마나 모르는 지를 아는 것이다.'라는 말을 들어본 적이 있니? 없다고? 아마 그럴 거야. 네가 아직 들어봤을 나이는 아니니까. 바로 공자께서 하신 말씀인데 지금부터라도 잘 기억을 해 두렴. 서양의 소크라테스라는 철학자도 이 말과 비슷한 말을 했어. 그는 그리스 시대의 철학자로 '네 자신을 알라.'라는 격언을 남겼지. 나중에 종종 듣게 되겠지만 나 자신을 알아가는 것이 바로 진정한 삶을 의미한다는 것을 새겨 들었으면 좋겠구나.

쿵먀오 입구는 성벽 모양으로 큼지막한 돌벽이 쌓여 있고 그 꼭대

대성전 뭉게구름

기에는 장엄하게 여러 장의 깃발도 휘날리고 있었지. 하늘에는 솜털 구름으로 빽빽하게 수놓아져 있었는데 정말 아름답더구나. 들어가는 입구는 아치모양으로 지붕은 남대문과 비슷한 기와모양이었지. 안으로 들어가 내부를 살펴보니 베이징의 자금성이 떠오르는구나. 비교한다면 쿵먀오가 더 아늑하고 인간적이고 자연과 조화롭게 어우러져 있는 것같이 보였어.

대성전까지 가려면 성시문, 홍도문, 대중문, 동문문 등 네 개의 문을 통과해야 했지. 대성전 앞에 다다르니 향을 피우고 절을 하는 중국 사람들을 많이 볼 수가 있었어. 엄마가 책에서 봤는데 대성전을 받치고 있는 조각 기둥을 만지면 자식의 학운을 성취할 수 있다고 하는구나. 이미 소문이 나서 많은 사람들이 만져서 그런지 기둥 하단을 철사로 보호막을 쳐 놓았더구나. 엄마는 그 사이로 손을 슬그머니 넣어서

용의 몸통을 만지면서 너희 셋의 무난한 학업생활을 빌었단다. 대성
전 위 하늘에 펼쳐진 뭉게구름 사이로 수천 년 전 공자 시대 문인들의
숨결이 전해 내려오는 듯 하더구나.

　이렇게 공자님의 고향도 다녀왔으니 공자님의 말씀 한 구절 읊어
보는 게 좋겠구나. "知道学习不如喜欢学习, 喜欢学习不如以学习
为快乐." 무슨 뜻이냐 하면 "그것을 아는 사람은 좋아하는 사람만
못하고, 그것을 좋아하는 사람은 즐기는 사람만 못하다."라는 뜻이란
다. 엄마는 너희들이 무엇을 하든 그것을 즐길 줄 아는 사람이 되기를
바란다.

한족 문화의 깊은 숨결이 스민 고대 도시
핑야오구청平遙古城평야고성

핑야오구청은 산시성山西省 진중시晉中市 핑야오현平遙县에 있는데 중국의 10대 고성 중 하나이면서 세계문화유산으로 등재된 중국 두 개의 고성 중 하나란다. 이번 여행 계획은 원래 스자좡石家莊으로 가서 정저우鄭州를 거쳐 뤄양洛陽이 최종 목적지였지. 이미 숙소도 다 정해두었는데 출발 하루 전, 우린 핑야오구청을 급하게 일정을 만들어서 스자좡 대신 타이위안太原을 가게 됐잖아. 그렇게 성급히 결정한 여행지라 사전 조사도 미비하고 바가지 숙박 요금도 감수할 수밖에 없었는데 역시나 가길 잘 했다는 생각이 들더구나. 사실 이번 여행에 핑야오구청이 없었다면 좀 심심할 뻔했어.

타이위안太原에서 출발해 1시간정도 걸려서 늦은 저녁이 되어서야 핑야오구청에 도착했지. 숙소가 고성 안에 있어서 숙소 담당자가 고성 출입구까지 나와 우릴 안내해 주었잖아. 우리를 태운 작은 전동차는 덜컹거리는 흔들림에도 아랑곳하지 않고 고성의 어둑하고 좁은 거리를 쏜살같이 달려갔지. 마치 과거의 세계로 빨려 들어가는 듯했지. 울퉁불퉁 돌바닥과 회색 돌벽 사이를 아슬아슬하게 달리는 차 안에서 밤하늘을 바라보니 푸른 별들이 알알이 희미하게 빛나고 있었어. 수천 년 전 공간으로 이동을 하는 것 같은 기분 때문에 가슴이 울렁거렸단다. 바람에 따라 움직이는 공기조차 수천 년 묵은 흙내 같은 냄새를 풍기더구나. 콧속 가득히 쿰쿰한 흙내가 채워지고 두 눈 가득히 흑백 필름 같은 광경이 펼쳐지니 정말 별세상 같았어. 너희들도 무섭다면서도 환호를 질러댔잖아.

핑야오구청은 기원전 827년 서주시대 때 처음 지어졌다고 하니 지금으로부터 약 2800 여 년 전이 되겠구나. 2800년 전이라고 하니 계산이 잘 안 되지? '기원전' 때문이야. 기원전은 예수님 탄생 해를 기원으로 해서 그 이전을 말해. 올해를 기준으로 한번 계산해 보렴. 기원전 827년 핑야오구청은 타민족의 공격을 방어하기 위해 지어진 요새였어. 이후 1703년 강희황제가 서역 순방길을 가던 중 핑야오를 지나게 되었는데 이때 성벽을 쌓아 올리면서 성지의 면모를 갖추게 되었다고 해. 성벽 둘레가 무려 6,163m이고 면적은 여의도 면적의 5배라고 하니 어마어마하지 않니? 아, 이렇게 말하면 가늠이 안 될 수도 있겠구나. 네가 100m 달리기를 61번 하면 성 한 바퀴를 돌게 되는 셈이란다.

고성 내부거리

중국의 월 스트리트

난다제南大街남대가

우리는 운이 좋게도 성내 중심거리 난다제南大街에 있는 숙소를 잡았는데 2층으로 된 사합원四合院 객잔이었지. 방으로 들어가자 아기자기한 소품과 그림액자, 고풍스러움을 잃지 않은 전통적인 가구와 현대식 화장실이 어우러져 입을 쩍 벌어지게 했지. 청나라 때 핑야오는 금융의 중심으로 떠오르며 부자들이 많이 살았다고 하는데, 아마도 이런 큰집에서 살지 않았나 싶더구나. 난다제는 가장 먼저 번성한 전통 금융거리로

객잔 내부

중국의 '월스트리트'라고 불리게 되었다고 하는구나. 청나라 시기 난다제에 있는 금융기관이 전국 금융의 50% 이상을 좌지우지 했다고 하니 이 거리가 다르게 보이더구나.

지금은 다양한 상점과 음식점 들로 즐비해 관광객들의 발길을 잡고 있는 곳으로 변했지만 말이야. 국경절 기간이라 붉은 오성기가 상점마다 걸려 있는 풍경도 인상적이었어. 2층 숙소 창문에서 난다제를 내려다 보는데 그 각도가 참 묘했지. 바로 발 밑으로 지나가는 사람들을 훤히 볼 수 있는데 그들은 우리 쪽을 볼 수 없는 각도라서 퍽 수상하게 느껴졌다고나 할까. 그들의 말소리와 발소리도 돌바닥과 돌벽을

타고 올라와 확성기처럼 퍽 가깝게 들렸잖니. 멀리서는 마차 구르는 소리가 나고 떠들썩한 어느 장날, 고대 상인들이 봇짐을 지고 거리를 거닐고 있는 듯한 장면을 한번 상상해 보렴. 이 거리와 참 어울릴 듯하구나.

뒤늦은 저녁을 먹으러 붐비는 밤거리를 헤매다가 아빠가 앱에서 찾아낸 맛집을 가기로 했지. 허기를 달래며 얼마나 걸었던지. 군말 없이 한 줄로 서서 터벅터벅 걸어가는 너희들의 모습을 보니 배고픔과 피곤 때문에 투덜거렸던 엄마의 모습이 반성이 되더구나. 그렇게 찾아간 맛집. 아빠는 허기만큼 많은 양을 주문하고는 자리가 마음에 안 든다며 창가 자리를 찾아서 옮겼지. 창 밖은 주황 불빛들로 어둔 밤거리의 그림자를 비추며 거리를 가득 메우고 있었어.

창 밖 감상도 잠깐, 즉석 음식도 아니고 눈 깜짝할 사이에 주문 음식들이 한 상 차려졌지. 그런데 한 술 뜨는 순간, 슬프게도 굶주린 우리의 식성을 돋워주지 못할 맛이었단다. 너희들은 그럭저럭 곯은 배를 채웠지만 엄마와 아빠는 기대에 못 미치는 음식들을 마지못해 먹으면서 불꽃 튀는 눈빛 교환을 하며 말다툼이 되지 않도록 말을 아꼈단다. 다오샤오몐刀削面과 말린 쇠고기, 핑야오에 왔으니 제대로 된 걸 먹어 보지 않으면 아쉬움이 남을 테니 우린 내일 점심을 다시 기대하기로 하고 그 집을 박차고 나왔다.

난다제

중국 전통 고성에서 서양의 만남

청관城關성관성당

다음날 일찍 호텔 조식을 간단히 먹고 고성 구경을 나섰지. 국경절 연휴라 역시 인산인해였지만 예상 못한 것도 아니고 너는 아빠 손을 잡고 엄마는 동생들을 양손에 붙들고 앞뒤로 걸어 나갔지. 간단히 그려진 그림지도를 보고 동서남북으로 걸어가니 제일 처음 마주한 곳은 너무 의아하게도 성당이었지 뭐니. 세상에, 동양 전통의 고성 안에 서양식 성당이라니. 생각하면 굉장히 낯선 장면인데 희한하게도 고즈넉이 세워진 성모상과 그 뒤로 다소곳이 드러난 성당의 정경은 고성의 옛 추억을 함께 공유한 듯 어우러져 있었단다. 우린 붉고 낡은 나무문을 공손히 밀고 들어가 한 바퀴 돌고 나왔지. 후에 찾아보니 1910년에 지어진 것이더구나. 110년이 좀 안 된 청년 같은 성당이었지만 2700년 세월을 품은 핑야오구청의 엄숙과 경이가 그대로 한데 스며져 있더구나.

성당 문   성당 내부

현존하는 가장 오래된 사당

원먀오文廟문묘

원먀오文廟는 '쿵먀오孔廟'라고도
하는데 공자님께 제사를 지내는 곳
이란다. 쿵먀오는 이곳에만 있는 게
아니라 전국 각지에 있는데 이 핑야
오구청의 원먀오가 중국에서 현존하
는 가장 오래된 사당이라고 하는구
나. 건립 시기는 정확히 알 수는 없
지만 1103년 금나라 때 중건되었다
는 기록이 있구나. 그런데 이곳은 가
장 오래된 사당처럼 보이지 않아.

전통놀이

보수 공사를 많이 해서인지 건축물들은 꽤 온전해 보였지. 전체적으
로 곳곳에 지어진 건물들은 아담하고 섬세하다는 느낌을 받았단다.

동생들은 여기저기 뛰어다니기 바빴지. 오래된 사원이란 것이 너희
들의 흥미를 끌기에는 아직 멀었겠지. 엄마도 비슷비슷한 사원들을
보며 특별한 감상이 떠오르지는 못했으니까 말이다. 행여나 너희들이
사람들 무리에 휩쓸릴까 눈을 잠시도 떼지 못하고 너희들의 이름을
부르며 이리 오라 소리치는데 엄마 목소리가 컸는지 지나가는 중국
관광객들이 힐끔힐끔 쳐다보았지. 내 목소리가 큰 것도 있었지만 말
소리가 중국어가 아니라서 이상하게 느꼈던 것 같더구나.

옆으로 조금 가 보니 꼬마 관광객들을 위해 설치해 놓은 전통 놀이
시설 있었어. 옳거니, 너희들을 이곳에서 충분히 놀도록 했지. 엄마도

그 김에 돌계단에 앉아 한숨 돌리며 쉬었구나. 꼬마 관광객들은 어떻게 알고 왔는지 다들 이곳에 모여 신이 나서 놀고 있었지. 이렇게 놀이 시설을 만든 이유가 아마도 뭣 모르고 따라온 아이들이 지루해하지 않도록 한 배려가 아닐까 싶구나.

도교사원
칭쉬관清虛觀청허관

옆길을 따라 맞은편으로 걸어 가니 칭쉬관清虛觀이라는 도교 사원이 나왔지. 중국의 전통 관습에 따라 도동불서道東佛西라고 해서 도교 사원이 이곳 고성에도 지어졌다고 하는구나. 겉보기엔 다 비슷한 사원처럼 보이지? 사실 엄마도 그렇단다. 그런데 역사를 살펴보면 657년에 처음 지어져서 청나라 때까지 수많은 도교의 우상들이 남아 있는 곳이라고 하니 눈으로만 대충 볼 건 아닌 것 같구나.

지금은 박물관으로 바뀌었지만, 선인들의 숨결을 느낄 수 있겠니? 우리에게 남은 시간이 얼마 없다 보니 성벽을 걸어 보는 건 다음 기회로 미루고 호텔로 돌아와야 했지.

짐을 꾸리고 나서 점심 먹을 곳을 어떻게 정할까 하다가 호텔 로비에 있는 직원에게 자주 가는 음식점을 물으니 우리를 직접 데리고 음식점까지 안내해 주었잖아. 우리는 그제야 "그래, 이런 식당이야말로 여기 현지인들이나 아는 곳이라 가격도 싸고 맛도 있을 거야."라며 입을 모았지. 예상대로 현지인이 소개한 집에서 다오샤오몐刀削面의

칭쉬관 내부

제 맛을 느낄 수 있었지. 쫄깃한 면에 토마토와 계란, 목이버섯과 돼지 고기가 매콤한 고추의 맛과 어우러져 담백하면서 깔끔한 매운 맛이 입맛을 돋워 주었지. 우린 배를 만족스럽게 채운 후 아쉽지만 핑야오 구청을 뒤로 하고 정저우鄭州를 향해 떠나야 했구나.

핑야오구청은 중국 한족의 유구한 문화와 역사, 경제와 정치, 종교 와 삶의 숨결이 고스란히 이어져 내려온 가장 온전한 모습을 유지한 고대 한족 부락이라고 할 수 있단다. 한국 안동의 하회마을이나 경주 의 양동마을과 같은 씨족 중심 집성촌과 비교해 보는 것도 좋겠구나.

현지인이 소개한 식당

다음에 다시 올 기회가 된다면 성벽도 걸어 보고 1823년에 지어진 르성창日升昌 표호票號: 개인금융기관도 한번 찾아가 보도록 하자꾸나. 중국에서 처음 어음을 발행한 곳인데 중국의 은행업계의 선조가 된 곳이라고 하니 경제에 관심이 많은 네가 중국 상인들의 전략과 상도를 느껴 보는 건 어떨까.

아홉 왕조의 수도
뤄양 洛陽낙양

기원전 770년 뤄양은 처음 주나라의 수도가 된 이후 '9조고도九朝古都'라고 무려 1586년간 최소 9개 왕조의 도읍이었다는구나. 그만큼 지리적, 정치적 요지였다는 걸 짐작해 볼 수 있겠지. 그렇게 기대를 잔뜩 하고 간 뤄양은 아이러니하게도 정치적인 힘이 빠져 버린 마치 늙은 패잔병처럼 보였단다. 개발의 물결이 한참인 중국 여느 소도시와도 달리 현대도시 건설에도 뒷전인 듯 보이더구나.

거대한 유적도시의 모습을 상상했던 엄마는 잠시 해질녘 푸르스름한 하늘을 멍하니 바라봤단다. 한자로 '洛陽낙양'이 '해가 진다'라는 '落陽'이 되어 버린 듯, 지금 뤄양의 모습이 아닌가 싶더구나. 눈 앞에 펼쳐진 도시의 나지막한 풍경은 오랜 세월 풍랑에 휩쓸려 간신히 흔적만 품은 듯 애잔해 보였어. 더불어 말하자면 차 안에서 곯아 떨어진 너희들과 장시간 운전으로 지친 아빠의 옆모습같이 애잔해 보였단 말이지. 그렇다고 실망한 건 아니야. 뤄양도 오랜 세월 수도의 자리를 지키느라 힘겨웠을 테니 이제는 힘을 빼고 편한 휴식을 취해도 될 테니까 말이야.

구시가지

백제의 마지막 의자왕이 660년 백제가 망한 후 만 이천 여 명의 백제 유민과 함께 당나라로 끌려가 도착한 곳이 바로 뤄양이었단다. 고구려 역시 멸망 후 20만 명 정도의 고구려 유민이 중국 남방으로 끌려 갔고 그 중 왕족과 귀족 들은 뤄양에 머물게 되었다고 하는구나. 이렇게 보면 뤄양에 고구려와 백제 선조들의 혈맥이 이어져 내려오고 있을지도 모를 노릇이구나.

초등 역사노래 가사 가운데 '삼천궁녀 의자왕'이라고 할 정도로 의자왕의 명성은 불명예스럽게 주색에 빠져 나라를 망하게 한 왕처럼 생각하는 사람들이 많단다. 하지만 의자왕의 한자를 '의로울 의'와 '자애로울 자'이란다. 즉 의롭고 자애로운 왕이란 뜻이지. 그의 별칭도 있었는데 '해동증자'라고 불리기도 했어. 동쪽 바다의 증자라는 뜻인데 증자曾子는 중국 공자의 제자인데 효심이 무척 깊었던 인물로 알려져 있지. 그러니까 의자왕도 효성이 지극한 아들이었다는 걸 짐작해 볼 수 있겠지.

애기가 딴 데로 빠졌구나. 의자왕 얘기는 다음에 하고, 사실 뤄양은 우리가 잘 알고 있는 중국 역사의 주요 배경으로 많이 등장하는 곳이 란다. 삼국지, 이백과 두보, 측천무후, 용문석굴, 당삼채 등 앞으로 이런 단어들을 한두 번쯤은 들어 볼 거야. 이들의 주무대가 뤄양이었다

백제유민 이동경로

는 점을 알고 있으면 나중에 중국 역사를 공부할 때 도움이 될지도 모르겠구나. 참고로 쿵푸하는 스님들이 산다는 사오린쓰少林寺가 뤄양에 있다고 생각하는 사람들이 많은데 사오린쓰는 행정구역상 정저우郑州에 위치해 있단다. 이번 우리가 뤄양에서 가본 곳은 롱먼龍門석굴과 바이마쓰白馬寺 그리고 리징먼麗景門이었지.

뤄양 시내

석조예술의 집합체
룽먼龍門용문석굴

룽먼석굴 입구로 들어가니 왼쪽에는 이伊강이 흐르고 오른쪽으로 룽먼산 석굴들이 있었잖아. 무려 1.5Km나 되는 길이에 2,345개 석굴이 있다는구나. 역시나 걸어도 걸어도 끝도 안 보이는 크고 작은 석굴들이 병풍처럼 펼쳐져 있었지. 493년부터 2백여 년 동안 만들어졌다고 하니 가히 중국 석조미술의 최고봉이라고 할 수 있겠더구나. 아찔할 정도로 많은 조각상이며 불상들을 보며 너희들을 앞에 세우고 사진을 찍어 대는 것도 지칠 때쯤 룽먼석굴의 대표라 할 수 있는 봉선사동에 마침내 도착했단다.

그러나 백여 개의 계단을 오르기 전, 배고프다고 걸음을 멈춘 너희들에게 매점에서 컵라면과 소시지, 사이다를 사줘야 했지. 곳곳에 이미 쉬어 가는 관광객들로 빈 자리 찾기가 어려웠지. 겨우 강가 쪽에 놓인 벤치 한 구석에 자리를 잡고 컵라면을 맛있게 나눠 먹었지. 소시지는 중국 특유한 향이 싫다며 너만 먹고 동생들은 모두 남겼지. 사이다만 홀짝거리며 징징거리고 있으니까 옆에 있던 중국 엄마가 본인 아들이 먹던 과자를 동생들에게 주었지. 둘은 꾸벅 인사를 하고 손바닥에 받아 온 비스킷을 맛있다고 입안에 넣더니 살살 녹여 가며 먹었지. 친절한 중국 엄마 덕분에 동생들의 짜증을 막을 수 있었구나.

사람들의 엉덩이를 줄줄이 따라 백여 개의 계단을 올라서니 룽먼석굴에서 가장 큰 펑셴쓰둥奉先寺洞봉선사동의 불상이 웅장한 자태로 내려다보고 있었지. 불상 높이가 17.14m에, 머리 길이만 4m, 귀 길이는 1.9m라니. 불상의 귀 길이만도 해도 아빠 키보다도 훌쩍 넘고 불상의

룽먼석굴

앉은키는 엄마 키의 10배, 아파트 6층 높이도 넘는 길이란다. 양 옆으
로는 모두 6개의 조각상이 더 있었지.

이 펑셴쓰둥은 서기 672년 측천무후가 어머어마한 후원금을 들여
만들기 시작했다는구나. 너희들은 불상의 왼편 땅바닥에서 울퉁불퉁

한 돌바닥 사이에 고인 물로 장난을 한참 했지. 엄마도 한 켠에 서서 사진을 찍는 관광객을 바라보고 있자니 시간 가는 줄 모르겠더구나. 인상적이었던 건 선녀복장을 한 젊은 여자가 남자친구 도움을 받아 다른 사람들의 시선은 아랑곳하지도 않은 채 다양한 동작을 연출하며 사진을 찍는데, 이러한 장면은 여행 중 많이 보게 되었지. 다른 사람의 시선을 유난히 의식하는 한국 사람한테는 낯선 풍경일 수 있겠구나.

걷는 데 지친 우리는 배를 타기로 했지. 배를 타고 바라보니 룽먼석굴의 전경을 볼 수 있었잖아. 저 멀리 향산도 볼 수 있었고 말이야. 배를 타기를 아주 잘한 거 같다. 배에서 바라본 룽먼석굴은 마치 거대한 벌집처럼 보이지 않니? 2,345개 석굴에 97,000여개 불상이 있다는 게 상상하기도 어렵구나. 몇 년 전 경주에서 본 석굴암 본존불이 떠오르는구나. 높이 3.26m로 가부좌한 본존불상은 자비로운 자태로 안정감과 숭고함을 느끼게 해 주었지. 본존불도 신라 751년부터 만들

배에서 본 룽먼석굴 전경

펑셴쓰둥

어졌으니까 펑셴쓰둥 불상과 나이는 비슷하겠구나. 사실 크기와 규모 면에서는 비교할 수 없지만, 중요한 건 석굴암과 룽먼석굴 모두 세계 적으로 예술적 가치를 인정 받아 세계문화유산으로 등재되어 있다는 점이야. 예술적 가치란 단순히 눈으로 보는 아름다움도 있겠지만 그 작품이 탄생하기까지 장인들의 열정과 고뇌, 노력과 희생이 스며있다 는 점을 간과해서는 안 된다.

중국 최초의 사찰
바이마쓰白馬寺백마사

출발했던 곳에 배가 도착하자 우리는 바로 바이마쓰로 향했지. 붉은 벽돌로 지어진 입구가 눈에 확 띄었어. 양쪽으로 두 마리의 백마상이 있었는데, 사실 백마라고 하면 늘씬한 몸에 날렵하게 생겨 반짝반짝 빛나는 체구를 올려다 봐야 할 것만 같잖니. 그런데 생각보다 아담한 당나귀 정도의 몸집에 회색 반죽의 돌로 만들어진 백마를 만나게 되었지. 그렇다고 이 백마를 얕잡아 본다면 큰 실수를 하는 거란다.

이야기 하나 들려줄게. 아주 오랜 옛날, 한나라 황제가 서쪽으로 가서 법을 찾으라는 꿈을 꿨다는구나. 꿈에서 깬 한 황제는 신하들에게 당장 법을 찾아 오라고 서쪽으로 보냈는데 가는 도중 백마에 불상과 경전을 싣고 가는 두 명의 인도 승려를 만났다지. 그때가 서기 67년. 신하들은 인도 승려들에게 간청하여 그들을 모시고 고국으로 돌아와 바이마쓰를 짓고 이곳에 머물도록 했다는구나. 그래서 바이마쓰는 중국에서 처음으로 불교를 받아들여 지어진 최초의 사찰이 되었다는구나. 꿈도 허투루 넘겨서는 안 되는가 싶더구나.

입구로 들어가니 바닥에 곳곳에 그려진 꽃무늬들이 정겹게 느껴졌지. 산책하며 걸어 들어가자 많은 사람들이 손에 향을 피워 들고 진지한 모습으로 동서남북을 향해 절을 하고 있었지. 붉은 담벼락과 벽면은 초록 나무들과 어우러져 산책하는 발걸음을 산뜻하고 상쾌하게 해 주더구나. 막내는 갈색 비둘기 한 마리에 마음이 쏠려 한참을 서성이며 날갯짓 하는 비둘기 흉내도 내보며 놀다가 앞서가던 아빠와 너희들을 놓치고 말았지.

바이마쓰 내부

　바이마쓰를 돌아보고 출구로 나가는 길에 우린 예상치 못한 사원을 발견하고는 눈이 휘둥그래져서 들어가 보았잖아. 금색으로 된 뾰족한 지붕에 흰색 벽으로 지어진 사원은 아무리 보아도 중국식 사원은 아니었어. "엄마, 저거 다 진짜 금이야?" 놀란 네가 물었지. 스마트폰 좋다는 게 뭐냐. 바로 검색해 보니, 태국식 불전이었단다. 크게 한 바퀴 돌며 들어가 보니 또 다른 양식의 사원이 보였지. 이번엔 미얀마식 불전이 거대한 모습으로 자리하고 있었고, 돌아 나오니 마

태국식 사원

인도식 사원

지막으로 인도식 불전이 있었지. 각각 지어진 시기는 다르지만 불교 국가와의 종교적 교류를 목적으로 그들 나라의 지원과 지지를 받아 세워진 사원이더구나.

오로지 바이마쓰만 구경하러 왔다가 뜻밖의 볼거리를 보게 되어 의아함과 놀라움이 컸던 기억이 나는구나. 이런 뜻밖의 즐거움을 위해 사전조사는 그다지 철저히 하지 않아도 될 것 같다는 생각이 들었단다. 출구로 나왔더니 군밤과 군고구마 냄새가 풀풀, 우리는 어느새 가게 앞에 발길을 멈췄지. 저녁식사 전 허기만 채우려 조금씩 사왔는데 어찌나 맛있던지 서로 "저요, 저요!" 외쳐대서 껍질을 까는 대로 너희들 입 속에 넣어 주기 바빴었지.

옛 낙양성의 서문
리징먼麗景門여경문

다음날 우리는 수나라 때 세워진 리징먼을 보러 갔지. '여경문에 오르지 않으면 낙양성에 갔다고 할 수 없다不到麗景门,枉来洛阳城.'라는 말이 있을 정도로 리징먼은 '뤄양洛阳'을 대표할 만한 훌륭한 성문이라고 한다. 엄마는 리징먼을 찾기 위해 산책하듯 걸어 들어갔던, 한적했던 그 길목이 아직도 생생하구나. 곡선으로 된 길 양쪽에 문방사우를 파는 가게들이 다양한 서체로 쓰여진 이름간판을 달고 즐비하게 이어져 있었잖아. 예전 서울 동대문 중고서점 거리 어딘가를 갔었던 장면이 떠올랐다. 뭔가 옛 기억을 떠오르게 하는 이 길목의 고요한

예스러움이 마음을 따뜻하게 해주는 것 같았지.

연휴라 문을 닫은 집이 많았어. 우린 문이 열린 가게 한 집을 골라 들어가 붓과 부채를 샀지. 서예를 하시는 작은 할아버지를 드린다고 좋은 붓을 고르려니 가격대가 점점 올라갔지. 결국 좋다는 걸 골라 흥정도 했지만 출입문을 나오면서 뒷목이 간지러운 게 좀더 깎을 걸 그랬나 하는 생각이 들어 슬쩍 웃음이 나왔다.

리징먼 입구 매표소에서 표를 살 때, 매표소 유리창에 전시된 책 한 권이 눈에 들어왔단다. 제목은 <뤄양바징洛陽八景>이었지. 책 위로 먼지가 소복이 쌓인 게 눈에 보일 정도였으니 정말 오랫동안이나 전시되어 있었던 것 같더구나. 갑자기 그 책을 갖고 싶다는 책 욕심이 발동했단다. 그 책을 가리키며 파는 거냐고 묻자 표 판매원은 알 수 없는 표정으로 나를 보며 잠깐 뜸을 들이더니 "20위안"이라고 성의 없이 말하더구나. 내가 냉큼 돈을 들이미니까 그는 또다시 잠깐 멍하니 쳐다보고는 돈을 낚아채 가더니 성의 없이 책을 주더구나.

판매원의 잠깐의 뜸은 수 년 간 팔리지 않아 전시용이 되어 버린 책을 사려는 엄마가 잠시 희한하게 느껴져 멍해졌던 순간이 아닌가 싶더구나. 아빠는 읽지도 않을 책을 또 산다고 타박을 하며 웃었지. 그 타박에 아무 말도 못하는 엄마의 입장도 알겠지. 아빠 말이 반은 사실이거든. 하지만 너마저 엄마가 아예 읽지 않을 거라고 생각하면 안 된다. 언젠가 쓰임이 있을 거라 생각하고 소장해 두는 거란다. 책 사는 데는 돈을 아끼면 안 된단다.

좁은 계단을 열심히 따라 걸어 올라가니 왼편에 커다란 종이 걸려 있었지. 종로의 보신각 종만한 크기였어. 지키는 사람이 없는 걸 보니 자유롭게 종을 칠 수 있는 것 같아 너희는 뒤에 따라오는 중국 꼬마가

리징먼 성벽

오기 전에 마음껏 울려 댔지. 4층 높이의 성 정상에 올라 뤄양의 구시
가지를 내려다보니 옛 마을의 정취가 그대로 남아 있더구나. 노옹이
된 도시의 연륜이 느껴져 숙연한 마음이 들었다. 꺼억거리며 녹슨 페
달소리가 나는 자전거가 이곳에선 조금도 어색하지 않을 것 같았어.

리징먼은 둥글게 만들어진 복도식 아파트처럼 층층이 되어 있다는 게 굉장히 인상적이었단다. 전에 봤던 '쿵푸허슬'이란 영화의 한 장면이 떠올랐어. 성벽처럼 둘러진 건물에 옹기종기 모여 사는 돼지촌이라는 동네에서 싸움이 벌어지는 장면인데 그 동네 모습과 흡사해 보였거든. 배경이 상하이였으니 물론 지역은 다르지만, 전체적으로 외부와는 차단되어 있고 내부와는 긴밀하게 이어진 형태가 중국 건축의 생활양식의 하나일지도 모른다는 생각이 들었단다. 지금도 베이징 중심에 자리하고 있는 사합원四合院을 한번 떠올려 보렴. 입구는 좁지만 들어가면 정원을 중심으로 양쪽의 방들은 마주보고 개방되어 있잖아. 이렇게 보면 외지인들에게는 폐쇄적이고 내부 사람들과는 터놓고 지내는 중국인의 문화를 엿볼 수 있겠구나.

여행 때 허기는 반갑기도 하더구나. 이 고장 특색 요리의 맛은 어떨까 하는 기대가 되니까 말이다. 메뉴 선택에 신중한 아빠는 뤄양 시내 중심에서 가장 오래되었다던 식당 한 군데를 내내 눈 여겨 보고 있었단다. 시내 중심이라고 하지만 오래되고 소박한 건물들, 조용하고 좁다란 거리가 과거 의기양양했던 뤄양의 기운이 이제 쇠잔해졌음을 말해 주는 듯했다. 나지막한 회색벽돌 건물들 사이에서 밝은 오렌지 빛을 내고 있는 그 식당은 유난히 화려해 보였더랬지. 화려해 보였던 그 식당을 막상 들어가 보니 우리나라 백반집처럼 뤄양의 민간음식을 파는 식당이었지.

하지만 아빠가 뤄양 현지 음식을 먹겠다며 야심 차게 찾아낸 곳이란다. 규모 면에서는 테이블이 50개도 넘는 엄청 넓은 이 식당은 메뉴판도 종업원도 없는데도 불구하고 독특한 주문 방식으로 일사불란하게 돌아가고 있어서 참으로 놀라웠단다. 우리는 뤄양의 대표음식인

리징먼 길목

뉴러우탕牛肉湯, 부판탕不翻湯, 후이몐燴麵, 양러우탕羊肉湯, 양러우촫羊肉串을 시켜서 배불리 먹고 나왔지. 너희들은 뉴러우탕과 후이몐을 아주 맛있게 먹었지? 엄마는 양 냄새가 전혀 나지 않고 부드러운 육질에 속까지 시원하게 뚫어 주는 국물 맛이 좋았던 양러우탕이 제일 맛이었단다. 다음에 기회가 되면 뤄양의 대표음식으로

식당내부

빠질 수 없는 수석水席요리를 먹어 보도록 하자꾸나. 수석요리는 뤄양의 천 년 전통 연회 음식인데 나오는 요리만 해도 24가지나 된다는구나. 종일 먹어도 다 못 먹을지 싶다.

'고금의 흥망성쇠를 알고 싶다면 낙양에 한번 가보라.若問古今興廢事, 請君只看洛陽城' 송나라 정치가이자 역사학자인 사마광司馬光이 쓴 <낙양 옛 성을 지나며 過故洛陽城>라는 시에 나오는 한 구절이라고 하는구나. 이 말이 참으로 뤄양과 딱 어울린다는 생각이 든다. 찬란한 전설을 간직한 늙은 도시, 생활경제나 도시발달 수준으로 판단할 그런 가벼운 도시는 아니라는 점을 말해 주고 싶구나.

당나귀 버거의 고향
바오딩保定보정

베이징에서 바오딩까지 140km 약 2시간 30분정도 걸리는데 차가 좀 막혀서 한 시간이 더 걸려 구뎬谷电 호텔에 도착했지. 바오딩으로 가는 고속도로 양 옆으로는 너른 벌판과 저 멀리 돌산들이 군데군데 보였어. 베이징 도심에서 6환만 벗어나면 이처럼 펼쳐진 산과 들을 대면할 수 있어서 좋구나. 5월의 봄이 속삭이듯 산들산들 부는 바람이 차 안을 부드럽게 감싸고 악뮤 노래에 맞춰 너희들은 노래를 불러 댔지. 창 밖 저 멀리 보이는 돌산들은 기운 찬 너희들의 노래와 상반 되게 앙상한 나무들과 거친 돌들에 싸여 볼품없어 보였단다. 간혹 민 둥산에 가시나무를 가지런히 줄지어 심어 놓은 산들이 어색하게 서 있었지. 어찌되어도 차 안에서 보는 바깥 광경은 차의 속도만큼 생동 해서 그런지 지루할 틈이 없더구나.

바오딩 시내로 들어서자 도로변에 아파트 단지며 쇼핑몰 신축공사 가 한창이었지. 이곳저곳에서 신축 건물들이 창공을 향해 뻗어 올라 가고 있더구나. 올림픽 이전 베이징의 모습과 무척이나 유사해 보였 단다. 도시 괴물 같은 크레인이 곳곳을 점령하고 있었지.

우리가 첫날 머문 곳은 태양열 에너지를 이용하여 운영되는 호텔이 었어. 호텔 여기저기 태양열 판이 설치되어 눈길을 끌었지. 왠지 외계 인과 신호를 주고받을 것 같은 태양열 판이 마치 이 호텔을 미래형 호텔처럼 보이게 했어. 1층 로비에는 놀랍게도 장쩌민江泽民과 후진타 오胡锦涛 전 주석이 호텔 직원들과 함께 찍은 사진들이 양 벽면에 나란히 걸려 있었어. 태양열 에너지를 이용해 운영하고 있는 이 호텔을 고무하기 위해 방문하였다고 하니 중국 정부에서 신에너지 개발에 크나큰 관심을 가지고 있다는 걸 짐작할 수 있겠더구나.

우리는 저녁 식사 장소를 물색하려고 호텔 주변을 어슬렁거리며 다녔지. 메이스제美食街라고 적혀 있는 광고판을 보고 그쪽으로 들어 갔잖아. 그 안은 소규모의 작은 음식점들이 빙 둘러싸여 있었고 가운 데는 공동 식탁들이 늘어져 있었지. 다양한 음식들이 있었는데 아무 래도 너희들과 함께 먹기에는 어려움이 있을 것 같아서 호텔 식당으 로 갔다. 호텔 식당은 다중뎬핑大衆點評에서 평을 보니 나쁘지 않아 그곳으로 향했지.

가장 먼저 나온 것은 당나귀 버거驢肉火燒였어. 혹시 느끼하거나 생 소한 맛일까봐 우리는 소심하게 햄버거 하나만 주문했지. 종업원服務 員은 식탁 중앙에 당나귀 버거를 털썩 놓고 가 버렸다. 우리는 손바닥 만한 당나귀 버거를 다섯 식구가 물끄러미 바라보기만 할 뿐 누가 먼저 선뜻 나서지 못했지.

당나귀 버거

당나귀 버거 먹는 둘째

　"와, 당나귀 버거다!" 아빠가 먼저 침묵을 깨고 너희들의 흥미를 끌기 위해 과장되게 외쳤지. 호기심이 많은 너부터 살짝 한쪽 귀퉁이를 베어 물었지. 버거 빵 속에 들어간 건 잘게 잘려진 당나귀 고기뿐, 다른 야채나 소스는 전혀 없었지. "음, 아빠 맛 괜찮아요." 네가 맛있다고 하니 동생들도 눈을 반짝이며 "나도, 나도" 달라며 외쳤지. 빵 표면은 살짝 튀겨 아삭했고 겹겹이 쌓인 빵은 페스트리 같은 식감을 느끼게 해 줬지. 고기는 부드러웠고 잡내도 없었어. 예상 외로 평상시에도 즐겨 먹을 만한 맛이었어. 아닌 게 아니라 바오딩에서 당나귀 버거는 버거킹 햄버거처럼 흔하게 사 먹는 먹을거리였더구나.

비밀의 화원

구롄화츠古蓮花池고연화지

이튿날 우리는 바오딩 시내를 구경했지. 제일 먼저 5월의 꽃구경을 할 요량으로 식물원에 갔는데 놀이공원이 바로 맞닿아 있었지. 놀이공원에서 나오는 음악소리는 소음에 가까웠고 사람들의 환호소리는 꽃구경하며 산책을 하려는 사람들을 방해하기에 충분했어. 더욱이 식물원에 갖가지 종류의 꽃들이 만발했을 거라 잔뜩 기대했건만 보이는 건 방향도 없이 거닐고 있는 수많은 인파뿐이었지.

구롄화츠

즈리直隶 도서관

　"여기서 잘못 휩쓸리면 못 빠져나올 거 같아. 다음 코스로 가자."
식물원 규모도 워낙 컸기 때문에 안으로 더 들어갔다간 돌아 나오는
게 더 힘들 것 같았지. 행여 너희들 손이라도 놓치면 아찔한 일이 벌
어질 것 같아 우린 그곳을 빠져 나와 구렌화츠古莲花池로 향했다. 구
렌화츠는 건륭황제가 8번이나 방문했으며 중국의 10대 정원 안에 손
꼽히는 곳이란다. 역시나 청나라 시대 정원답게 돌과 나무 들로 고풍
스럽게 어우러져 봄의 정원을 뽐내고 있었어. 왼쪽으로 조금 걸어가
자 첫 번째로 눈에 들어온 건물이 있었지. 바로 청나라 때 도서관이었
다는 건물이었어. 1870년대 건물이라 하기엔 꽤 현대적인 건물 형태
라는 게 놀라웠단다. 어두컴컴하고 찬 기운이 스산하게 감도는 건물
내 부는 마치 청나라 시대에 잠깐 들어갔다 나온 느낌이었지.

정원 내부는 너희들이 숨박
꼭질하며 이리저리 뛰놀기 딱
알맞은 곳이었지. 사합원처럼
사방이 벽들로 막힌 사각 형태
의 정원이 여러 개 이어져 있는
구조라 들어가면 빙 돌아서 입
구로 다시 나와야 했어. 너희들
제비꽃

은 조우정鳥隅庭을 비밀의 정원이라 이름을 붙여 주었지. 여기저기
뛰어 다니며 잔디밭에 핀 제비꽃을 꺾어 꽃다발을 만들며 청명절 봄
날의 햇살을 마음껏 즐겼지. 자그마한 보라빛 제비꽃잎은 너희들처럼
여리고 아름다운 빛깔을 뿜고 있더구나.

나란히 마주보는 종교
다츠거大慈閣대자각 사원과 바오딩保定보정 성당

밖으로 나오니 고요했던 정원과 상반되게 시끌벅적한 길거리가 펼
쳐졌어. 도로변에는 사람과 오토바이, 차 들이 뒤엉켜 내리쬐는 햇살
속에서 먼지들이 풀풀 날아다니고 있었지. 혹시 너희들을 잃어버릴세
라 가져온 유모차에 두 녀석을 태우고 너를 유모차에 바짝 붙여 걷게
했지.

우리는 다음 계획대로 사거리 건너에 있는 작은 사원으로 향했다.
다츠거大慈閣라는 사원은 1227년 송나라 때 지어진 바오딩의 상징적

인 절 건축물이란다.

　입구에서부터 향을 파는 가판대가 늘어져 있었지. 우리는 향을 세 묶음 사서 사원 입구에 놓인 큰 화로에 불을 지피고 중국 사람들이 하는 대로 세 번 고개를 숙여 절을 하고 들어갔지. 내부는 조용하고 아담했어. 천천히 안쪽으로 걸어 들어가니 작은 정원에 제각기 귀여

다츠거 사원 앞

다츠거 사원

운 동작을 한 동자승 석상들이 곳곳에 세워져 있었지. 너희들은 그 동작을 흉내 내보며 뭐가 그리 재미있는지 낄낄거리더구나.

작은 사원이라 금세 한 바퀴 돌고 나와 다음으로 그 근처에 있는 성당으로 향했다. 바오딩이 허베이성河北省에서 가톨릭 신자의 비율이 높은 편이라고 하더구나. 그래서 그런지 번잡한 시내 중심에 성당이 있었어. 절과 성당이 한 블록 사이에 있다는 것도 참 재미있게 느껴지더구나. 고교시절 성당을 다녔던 아빠는 성당 입구에 들어서서 오른쪽에 놓인 성물에 손가락을 담가 성호를 그었지. 우리도 아빠를 따라 성물에 손가락을 담가 성호를 그었지. 너희들은 위, 아래, 옆 순서 없이 성호를 그었지만 두 손을 모아 고개를 숙이는 모습이 꽤 진지해 보였어. 이 성당은 200년 전에 만들어진 거라는구나. 아빠는 유리창을 따라 스테인드 글라스 아래 놓인 그림을 보면서 예수님의 십자가의 길을 이야기해 주었는데 기억나니?

바오딩 성당

여행을 하는 즐거움
결정의 자유

"엄마, 우리 언제 호텔로 가?" 너희들은 많이 지친 듯 보이긴 했지.
"엄마, 우리 또 당나귀 버거 먹으러 가자." 둘째가 어리광을 피우며
말했어. 배가 고픈 모양이었지. 셋째도 오빠를 따라 안 되는 발음으로
'다나기버거' 먹자 했지. 우리는 마지막 코스로 총독부總督府를 가려
했지만 포기하고 호텔로 향했지.

호텔에 도착하자 너희들은 또 무슨 힘이 났는지 수영장에 가자고
했지. 저녁을 먹기도 애매한 시간이고 흙먼지 속에서 다녔던지라 얼
른 씻고 식사하는 것도 좋을 것 같아서 바로 수영장으로 향했지. 수영
장 규모도 생각보다 컸고 시설도 좋고 깨끗했어. 너는 수영 강습을
받지 않고 가끔 이렇게 여행으로 호텔 수영장에서 아빠한테 배운 수
영 실력이 쌓여서인지 어느새 수영을 곧잘 하게 되어 엄마는 흐뭇했
단다. 강습비를 아꼈다는 게 가장 큰 이유겠지?

이 호텔 식당에서 먹은 당나귀 버거는 전날 구덴 호텔에서 먹은
버거에 비해 맛이 떨어졌어. 기대감이 컸던 걸까. 당나귀 귀를 가진
둘째만 맛있게 쩝쩝거리며 먹었지. 두 딸들은 훈툰몐餛飩麵이 훨씬
맛있다며 눈 깜짝할 사이에 그릇들을 비우더구나. 베이징에서 먹을
때보다 면발이 더 쫄깃하고 국물이 진하면서도 담백해서 엄마도 맛있
게 한 그릇을 비웠단다. 모든 그릇들이 거의 다 비워졌을 때쯤 아빠가
물었지.

"내일 어디로 갈까? 여기서 출발하면 베이징으로 가는 길에 랑야산
狼牙山, 바이양뎬白洋澱, 만청한무滿城漢幕 정도 갈 수 있을 것 같은데

애들아, 너희들 배 타러 가고 싶니? 산에 올라가고 싶니?" "산에 갈래!" 네가 먼저 외치자 둘째도 따라 '산'하고 외쳤어. 아빠와 엄마는 서로 눈짓을 주고받은 후, "그래, 그럼 랑야산狼牙山으로 가자!" 라고 했지.

바이양뎬白洋澱에는 큰 호수가 있어서 배를 탈 수 있기 때문에 엄마 아빠는 당연히 너희들이 배 타는 걸 좋아할 거라 생각하고 바이양뎬을 갈 생각이었는데 의외로 산을 찾더구나. 이렇게 물어보지 않았다면 엄마, 아빠의 결정에 따라 바이양뎬으로 갔을 수도 있었겠지. 우리끼리 하는 자유여행은 이래서 참 좋단다. 정해진 틀에 구애 받지 않고 우리가 원하는 대로 결정하고 실천할 수 있다는 것.

이리 이빨의 산
랑야산狼牙山랑아산

이날 우리는 조식을 서둘러 끝내고 바로 랑야산狼牙山으로 출발했지. '이리 이빨의 산'이란 뜻의 랑야산은 이름부터가 흥미로웠단다. 이 산은 항일전쟁 때 팔로군의 다섯 군사들이 이 산에 올라 저항하다가 절벽에서 투신했다는 산으로도 유명하지. 이리 이빨처럼 날카롭게 솟아난 산들이 등성이를 이룬다고 생각하니 왠지 으스스한 기분도 들더구나.

랑야산으로 향하는 고속도로는 시원스럽게 뚫려 있어. 표지판만 보고 쌩쌩 달리는 중 문득 차에 부착된 내비게이션을 보게 되었는데

랑야산 입구

이 도로는 아직 존재하지 않는 도로로 나오더구나. 도로 위를 달리는
차량은 우리뿐이었어. 아스팔트 도로 표면이 짙은 검은색 빛으로 반
들반들 하더라니 최근에 생긴 도로인 것 같았단다. 개통되지 않은 도
로가 아닌가 싶어 겁이 났지. 아빠는 엄마한테 핸드폰으로 바이두百度
지도를 켜 달라 했어. 역시 바이두는 실시간으로 정확한 지도를 보여
주고 있어 안심이 되었어. 최근 시범 개통한 도로였어. 이런 산골짜기
에서 엄습하는 낯선 공포를 말끔히 씻어 주는 인터넷의 위력에 찔끔
안심의 눈물이 나오더구나.

　한참을 달리고 나서야 랑야산 표지판 위로 적힌 거리 숫자가 한
자리로 나타났다. 사방을 둘러봐도 아스팔트 위를 내달리는 건 우리
가 탄 차뿐이었지. 설마 청명절에 이렇게 여행객들이 없을까 의구심
을 품기도 전, 아스팔트 길은 끝이 나고 흙길이 나왔어. 어디서 나타났

는지 이미 먼지를 풀풀 풍기며 앞서가는 차량들이 앞차 뒤꽁무니를 물고 덜커덩 흔들거리며 가고 있었지. 바퀴는 부지끈 자갈과 부딪치며 좌우로 엉덩이 춤을 추니 너희들은 신이 나서 까르르 웃음소리를 터뜨렸지.

"애들아, 차 흔들리니까 엉덩이 꽉 붙이고 잘 앉아 있어." 라고 말한 수고도 없이 너희들은 흔들리는 차에 더 보태어 너희들 몸을 더욱 흔들어 댔지. 타이어 바퀴가 흙 길과 부딪치며 우지끈 내는 소리를 들으며 얼마간 흙 길을 달려갔다. 바퀴들 사이로 푸짐하게 올라오는 흙먼지를 바라보니 한숨이 절로 나오는데 너희들 눈에는 흔들리는 차가 놀이기구쯤으로 생각되는구나 싶어 새삼 '동심'이란 두 글자가 떠올랐단다.

흙길이 끝나고 구불구불한 아스팔트 길이 나왔지. 도로변은 이미 관광객 유치를 위해 일반 주택들이 ○○농원이라 하여 숙박과 음식점

랑야산 등반

으로 변모되어 있었어. 양 한 마리가 통구이로 불 위에서 모락모락 연기를 뿜고 있었지. 버젓이 양을 통째로 굽고 있는 야외 식당들이 눈에 많이 띄었단다. 여기가 누가 랑야산이 아니랄까봐, 이리의 먹잇감 양들을 잡아먹고 있는 광경을 보니 재미있는 동네에 왔구나 싶었단다.

산 입구에 오르니 역시나 관광객들로 인산인해를 이루고 있었어. 차를 주차하고 걸어서 올라가야 하나 했는데 대형 관광버스가 무료로 랑야산 매표소까지 손님들을 신나게 실어 날라 주고 있었지. 버스에 올라 너희들 안전벨트를 채 채워 주지도 못 했는데 차는 급히 출발했고 구불구불한 길을 아슬아슬하게 오르더니 금세 내리라고 하더구나. 벌써 우리를 케이블카 매표소 앞까지 데려다 놓았어. 관광객들이 많다 보니 운행 차량들이 아주 신속하게 움직이는 것 같았어. 너희들이 있으니 걸어서 등산은 무리고 케이블카로 가서 왕복표를 구입했지.

　케이블카는 두 명씩 타야 해서 엄마는 너와 막내를 데리고 타고 아빠는 둘째와 함께 타기로 했지. 빙빙 빠르게 돌아가는 케이블카에 엄마가 막내를 안아 오르고 너는 관리원의 도움으로 재빨리 올라탔지. 휭휭, 케이블카의 굵고 검은 선이 소리를 내며 가파르게 위로 올라갔어. 절벽 같은 산을 타고 올라가는데 오금이 저려 오기 시작했단다. 가파른 절벽을 둘러싸고 뾰족하니 이리의 이빨 같은 산봉우리가 발 밑으로 지나가더구나. 풍경을 즐기기엔 엄마의 간 덩어리가 그리 큰 것 같지 않지. 줄 하나에 목숨을 걸고 있다고 생각하니 꼼짝할 수가 없었어. 너희들과 함께 있으니 엄마가 되어 가지고 무섭다고 할 수도 없는 노릇이고 엄마는 뜬금없이 너한테 노래를 부르자고 했지. 네가 '하늘나라 천사'를 부르자 막내도 따라 흥얼거렸지. 눈 앞 정면으로 보이는 건 이리 이빨같이 뾰족하게 생긴, 36개나 된다는 산봉오리가 날을 세우고 우릴 감싸고 있는 모양이었단다. 우리는 그렇게 이리 이빨 안으로 빨려 들어갔지.

산 정상에 도착하자 먼저 출발해서 도착해 있던 아빠와 둘째의 얼빠진 표정을 볼 수 있었어. 아빠는 갑자기 엄마의 팔뚝을 쥐어 잡고는 낮은 목소리로 "나 죽는 줄 알았어." 했단다. 아빠도 케이블카 안에서 엄마와 같은 생각을 하고 있었던 거였어. 그리고 엄마와 아빠는 '우리 이제 어떻게 내려 가냐!'라는 암담한 눈빛을 주고받았지. 산 정상에 올라왔지만 산세 광경은 케이블카 안에서 봤던 풍경만큼은 못 되었지. 푸른 숲이 우거진 산세라기보다는 썩고 날카로운 이리 이빨처럼 윤기 없는 고목과 단조로운 풀들이 성글게 올라와 있었지. 우리는 한쪽 구석에 앉아 가져온 간식을 먹고 한 바퀴 둘러보고 내려갈 준비를 했구나.

벌써 케이블카를 기다리는 줄이 길게 늘어져 있었어. 줄을 선 사람들의 무표정한 얼굴에는 뭔가의 갈증과 불만을 참고 있는 듯했어. 너희들도 가만 있지 못하고 왔다갔다하며 지루함을 이겨 내려 하고 있었지. 엄마도 줄을 선 이상 오도 가도 못 하고 마냥 서 있을 수밖에

없었지. 이때 팔뚝에 문신이 가득한 한 남성이 담배를 물더니 보란 듯이 피우기 시작했어. 순식간에 주위에 있던 사람들의 눈총이 한곳으로 몰렸어.

그리고 나서 나타난 현상은 말이다. 묵묵히 기다리고 있던 많은 남성들이 도미노처럼 담배를 피우더구나. 문신한 남성에 힘입어 너

랑야산

도나도 금지된 흡연을 공공의 적들이 되어 연기를 뿜어내기 시작한
거야. 한국이었다면 관리인이 됐든 어느 시민영웅이 됐든 금지된 행
위에 대해 한마디 했을 것 같은데 여기선 어느 누구도 입을 열지 않더
구나. 군중 심리라는 게 개인의 자제력을 쉽게 잃게 하더구나. 우리는
무려 1시간 30분을 기다려 공포의 케이블카를 타고 무사히 땅으로
내려왔지. 이리의 이빨에서 탈출.

　베이징에 도착하면 대사관에 들러 총선 투표를 하고 그 근처 음식
점에서 저녁을 먹기로 한 계획은 취소하기로 했단다. 너희들은 지친

상태였고 늦어진 시간과 허기 때문에 길가에 있는 여러 농원 중 하나를 골라 식사를 하고 베이징으로 출발하기로 했지. 우리는 차를 타고 내려가면서 도로변 마음에 드는 음식점을 하나 고르기로 했다. 지붕 위로 '두보농원杜甫農園'이라고 써져 있는 간판이 눈에 띄었지. 시골 농원 식당에 '두보杜甫'라고 이름을 붙일 정도면 주인장의 식견이 분명 남다를 것 같았어. 주차장에 주차를 하고 들어섰는데 동네 총각들로 보이는 남자들 댓 명이 양 한 마리를 구워 먹으며 낮술을 하고 있었지. 메뉴판을 보니 다행히 양 통구이 외에는 대개 중국 메뉴였어.

랑야산

"엄마, 당나귀 고기" 둘째가 외쳤지. 남자라 힘이 빠지면 고기를 찾나 싶더구나. 물어보니 당나귀 고기는 없고 양고기가 있는데 한 마리 통째로 시키지 않으면 안 된다고 하더구나. 어쩔 수 없이 고기는 포기하고 토마토계란볶음, 가지볶음, 오이무침, 감자채볶음과 밥을 시켰지. 시골이라 인심이 후해서인지 요리마다 큰 접시에 고봉처럼 푸짐하게 나오더구나. 너희들이 토마토계란볶음을 눈 깜짝할 사이에 다 먹어 치워 한 접시 더 주문했지. 해는 어느새 서쪽으로 많이 기울어 가고 있었어.

　"애들아, 이번 여행에서 뭐가 기억에 제일 남니?" 아빠가 물으니, "당나귀 고기 버거" 둘째가 외쳤지. 잘 먹는다고 칭찬을 잔뜩 해 줬더니 꽤 인상적이었나 보더구나. "다나기 고기" 막내는 뭔지도 모르고 오빠가 하는 말을 따라 했지. "난 구슬가방! 다음에 오면 구슬가방 꼭 살 거야." 너는 랑야산 입구 노점상 기념품 가게에서 파는 구슬가방을 오랫동안 만지작거리더니 못 사게 한 게 아쉬웠던 모양이더구나. 그래도 그렇지. 이 많은 볼거리 중 겨우 구슬가방이라니. 너희들에게 중국의 역사와 유적지를 보여 주겠다는 엄마 아빠의 노고가 무색해지더구나. 엄마와 아빠는 또 다음 연휴를 기다리며 여행 계획을 준비하고 있단다. 우리 눈에 좋은 것이 너희들 눈에도 좋았으면 하는 바람은 늘 빗나가면서도 또 다시 기대를 품게 되는 게 부모의 마음인가 싶구나.

이 글을 읽고 나면 "참 멋진 엄마"라는 생각이 먼저 떠오른다. 작가와는 10여 년이란 오랜 시간을 함께 같은 대학에서 한국어교육을 해왔다. 육아나 가사에 대해 그다지 이야기를 나누지 않았기 때문에 그냥 커리어 우먼으로 내 머리에 각인되어 왔다. 그러다 보니 아이들에게 남다른 교육관이 있을 줄은 더구나 몰랐었다. 아이들에게 역사를 들려주기 위해 4년간 틈틈이 자동차로 어린 자녀 셋을 데리고 중국 역사 기행을 한 것 자체가 놀랍다.

글을 읽다보면 때론 아이들과 대화하듯, 때론 아이들에게 이야기를 들려주듯, 때론 몸으로 아이들과 함께 역사를 체험하듯, 아이들과 함께 보고 듣고 느낀 것을 진솔하게 보여주고 있다. 그 이유는 아이들에게 고향이 될 수도 있는 중국에 대해 아이들이 더 많이 이해하고 더 친숙해질 수 있도록 해주기 위한 것이었다.

"한국이 중국과 얼마나 밀접한 역사적 관계를 가지고 있는지, 우리 민족은 왜 이렇게 많이 중국에 살고 있는지," 유명한 관광코스가 아닌 숨겨진 중국 여행에서 이에 대한 답을 하나씩 찾아가며 한걸음 또 한걸음 중국과 친해져 가는 모습을 보여주고 있다.

"사실 네가 병자호란의 치욕을 기억하며 억울함과 분노를 품기 보다는 우리는 왜 전쟁을 해야 하고, 다시는 그렇게 되지 않기 위해서는 어떻게 해야 하는 지를 고민할 수 있기를 바란다."가 엄마의 뜻 깊은 바람이었다. 또한 엄마는 자녀들과 함께 다니는 여행이 큰 재산이라고 생각하고 그 재산이 쌓이고 쌓이면 금전과 비견할 수 없는 자산이 되리라 자신한다. 해외에 살고 있는 자녀들이 때로는 자신보다는 다른 사람의 편의와 다른 나라의 문화를 먼저 생각해 줄 수 있는 사려 깊은 사람이 되었으면 하는 것이 엄마의 또 다른 현명한 생각이었다.

　이 책은 자녀를 키우고 있는 엄마들의 자녀교육에 특별한 도움이 될 것이다.

허봉자, 중앙민족대 교수

　세 아이와 함께 떠나는 중국 역사 기행이라니 상상만으로도 참 설레고 예쁜 그림이 펼쳐진다. 초롱초롱한 아이의 눈을 바라보면서 이야기 들려주듯 써내려간 문체라 귀에 쏙쏙 들어오고, 기존 여행서에선 찾아볼 수 없는 중소도시의 역사에 대한 소중한 정보들로 가득 찬, 아이들과 함께한 여행 일상의 진솔함들, 한줄한줄 마음속에 새기고 싶은 문구들, 내 아이들과 함께 읽고 손잡고 가보고 싶은 세상 따뜻한 책. 진정한 중국을 알고 싶고 여행하고 싶다면 추천하고 싶습니다.

함선애, 세 아이를 키우고 있는 북경한국국제학교 교사

　이 글은 엄마가 아이에게 들려주는 중국 역사 기행 에세이이다. 저자는 중국을 알아가고 친해지기 위해 아이들과 함께 중국 중소도시의 유적지를 돌아보고, 그곳에서 보고 느낀 감상을 이야기로 들려주듯 쉽게 써내려갔다. 100% 발로 쓴 글답게, 여느 글에서 보기 힘든 새로운 이야기가 넘치고 재미 또한 가득하다. 저자의 글을 읽다 보면 누구나 현장에서 동행하는 듯한 착각에 빠질 것이다. 저자의 시선이 머무는 역사 현장 곳곳이 저자의 필력에 힘입어 고스란히 살아나고 있기 때문이다. 온기 가득한 글과 사진 속에서 저자가 전하고자 하는 메시지는 분명하다. "자세히 봐야 더 많이 보이고 자세히 알아야 더 가까워질 수 있는 중국, 아이들과 함께 자동차로 약 4년 동안 중국 역사의 흔적을 찾아 떠다니며 우리는 어느덧 친구가 되어 있었다."

금지아, 북경대 교수

너무나 따뜻한 중국 여행기!

중국을 여행한 사람은 많지만 작가의 가족처럼 여행지의 풍경과 사람에 너그러운 시선과 겸손한 관심을 가진 여행자는 드물다.

풍경만큼 아름다운 사람들이 안내하는 중국의 구석구석.

박수찬, 조선일보 베이징특파원

중국어 표기	중국어(간자체)	중국어 병음	한자	한자독음
광닝	广宁	guǎng níng	廣寧	광녕
구롄화츠	古莲花池	gǔ lián huā chí	古蓮花池	고연화지
난다제	南大街	nán dà jiē	南大街	남대가
냐오위팅	鸟隅厅	niǎo yú tīng	鳥隅廳	조우청
내멍구	内蒙古	nèi méng gǔ	內蒙古	내몽고
닝위안청	宁远城	níng yuǎn chéng	寧遠城	영원성
다퉁	大同	dà tóng	大同	대동
다퉁구청	大同古城	dà tóng gǔ chéng	大同古城	대동고성
둔황	敦煌	dūn huáng	敦煌	돈황
다정뎬	大政典	dà zhèng diǎn	大政典	대정전
다츠거	大慈阁	dà cí gé	大慈閣	대자각
다훙먼	大红门	dà hóng mén	大紅門	대홍문
라싸	拉萨	lā sà	拉薩	납살
랑야산	狼牙山	láng yá shān	狼牙山	랑아산
러허	热河	rè hé	熱河	열하
룽먼	龙门	lóng mén	龍門	용문
룽언뎬	隆恩殿	lóng ēn diàn	隆恩殿	융은전
뤄양	洛阳	luò yáng	洛陽	낙양
르성창	日升昌	rì shēng chāng	日升昌	일승창
리뤼쑹	李如松	lǐ rú sōng	李如鬆	이여송
리바이	李白	lǐ bái	李白	이백
리잉	李英	lǐ yīng	李英	이영
리쯔청	李自成	lǐ zì chéng	李自成	이자성
리징먼	丽景门	lì jǐng mén	麗景門	여경문
리청량	李成梁	lǐ chéng liáng	李成樑	이성량
링친먼	陵寝门	líng qǐn mén	陵寢門	능침문
마오쩌둥	毛泽东	máo zé dōng	毛澤東	모택동
만청한무	满城汉墓	mǎn chéng hàn mù	滿城漢墓	만성한묘

모가오쿠	莫高窟	mò gāo kū	莫高窟	막고굴
밍러우	明楼	míng lóu	明樓	명루
바오딩	保定	bǎo dìng	保定	보정
바이마쓰	白马寺	bái mǎ sì	白馬寺	백마사
바이양뎬	白洋淀	bái yáng diàn	白洋澱	백양전
베이다이허	北戴河	běi dài hé	北戴河	북대하
베이링	北陵	běi líng	北陵	북릉
베이전	北镇	běi zhèn	北鎮	북진
베이웨이	北魏	Běi wèi	北魏	북위
베이전먀오	北镇庙	běi zhèn miào	北鎮廟	북진묘
비슈산좡	避暑山庄	bì shǔ shān zhuāng	避暑山莊	피서산장
산시	山西	shān xī	山西	산서
산하이관	山海关	shān hǎi guān	山海關	산해관
사오린쓰	少林寺	shào lín sì	少林寺	소림사
선양	沈阳	shěn yáng	瀋陽	심양
선양구궁	沈阳故宫	shěn yáng gù gōng	瀋陽故宮	심양고궁
쑨뎬잉	孙殿英	sūn diàn yīng	孫殿英	손전영
순즈선공성더베이러우	顺治神功圣德碑楼	shùn zhì shén gōng shèng dé bēi lóu	順治神功聖德碑樓	순치신공성덕비루
쉬다	徐达	xú dá	徐達	서달
쉬미푸서우즈먀오	须弥福寿之庙	xū mí fú shòu zhī miào	須彌福壽之廟	수미복수지묘
쉬안쿵쓰	悬空寺	xuán kōng sì	懸空寺	현공사
순즈	顺治	shùn zhì	順治	순치
쓰마광	司马光	sī mǎ guāng	司馬光	사마광
스샹성	石像生	shí xiàng shēng	石像生	석상생
스왕팅	十王亭	shí wáng tíng	十王亭	십왕정
스자좡	石家庄	shí jiā zhuāng	石家莊	석가장
스파이팡	石牌坊	shí pái fāng	石牌坊	석패방
시안	西安	xī ān	西安	서안

시타	西塔	xī tǎ	西塔	서탑
싱청	兴城	xìng chéng	興城	흥성
싱청구청	兴城古城	xìng chéng gǔ chéng	興城古城	흥성고성
쑹메이링	宋美龄	sòng měi líng	宋美齡	송미령
와이바먀오	外八庙	wài bā miào	外八廟	외팔묘
왕징	望京	wàng jīng	望京	망경
융정	雍正	yōng zhèng	雍正	옹정
우다오커우	五道口	wǔ dào kǒu	五道口	오도구
우산구이	吴三桂	wú sān guì	吳三桂	오삼계
원먀오	文庙	wén miào	文廟	문묘
원수거	文溯阁	wén sù gé	文溯閣	문소각
위룽사후	玉龙沙湖	yù lóng shā hú	玉龍沙湖	옥룡사호
위링	裕陵	yù líng	裕陵	유릉
윈강	云岗	.yún gǎng	雲崗	운강
이우뤼산	医巫闾山	yī wū lú shān	醫巫閭山	의무려산
이청슈	驿丞署	yì chéng shǔ	驛丞署	역증서
잉링	英陵	yīng líng	英陵	영릉
자오이디	赵一荻	zhào yī dí	趙一荻	조일적
장쉐량	张学良	zhāng xué liáng	張學良	장학량
장스솨이푸	张氏帅府	zhāng shì shuài fǔ	張氏帥府	장씨수부
장자커우	张家口	zhāng jiā kǒu	張家口	장가구
장쩌민	江泽民	jiāng zé mín	江澤民	강택민
장쭤린	张作霖	zhāng zuò lín	張作霖	장작림
자오비	照壁	zhào bì	照壁	조벽
저우언라이	周恩来	zhōu' ēn lái	周恩來	주은래
전산	镇山	zhèn shān	鎮山	진산
정저우	郑州	zhèng zhōu	鄭州	정주
주구이	朱桂	zhū guì	朱桂	주계
주다러	祖大乐	zǔ dà lè	祖大樂	조대락

쭈다쇼	祖大寿	zǔ dà shòu	祖大壽	조대수
주더	朱德	zhū dé	朱德	주덕
주위안장	朱元璋	zhū yuán zhāng	朱元璋	주원장
쭈자파이러우	祖家牌楼	zǔ jiā pái lóu	祖家牌樓	조가패루
준화	遵化	zūn huà	遵化	준화
지밍산	鸡鸣山	jī míng shān	雞鳴山	계명산
지밍이	鸡鸣驿	jī míng yì	雞鳴驛	계명역
주룽비	九龙壁	jiǔ lóng bì	九龍壁	구룡벽
진저우	锦州	jǐn zhōu	錦州	금주
진중	晋中	jìn zhōng	晉中	진중
차오위안톈루	草原天路	cǎo yuán tiān lù	草原天路	초원천로
차이선먀오	財神廟	cái shén miào	財神廟	재신묘
천위안위안	陈圆圆	chén yuán yuán	陳圓圓	진원원
청더	承德	chéng dé	承德	승덕
청쯔	曾子	céng zi	曾子	증자
첸룽	乾隆	qián lóng	乾隆	건륭
충링	崇陵	chóng líng	崇陵	숭릉
충싱쓰	崇兴寺	chóng xìng sì	崇興寺	숭흥사
충정뎬	崇政殿	chóng zhèng diàn	崇政殿	숭정전
취푸	曲阜	qū fù	曲阜	곡부
츠시링	慈禧陵	cí xǐ líng	慈禧陵	자희릉
츠펑	赤峰	chì fēng	赤峯	적봉
치쿵차오	七孔桥	qī kǒng qiáo	七孔橋	칠공교
친황다오	秦皇岛	qín huáng dǎo	秦皇島	진황도
칭닝궁	清宁宫	qīng níng gōng	清寧宮	청녕궁
칭둥링	清东陵	qīng dōng líng	清東陵	청동릉
칭쉬관	清虚观	qīng xū guān	清虚觀	청허관
칭시링	清西陵	qīng xī líng	清西陵	청서릉
캉시	康熙	kāng xī	康熙	강희

캉전지녠관	抗震纪念馆	kàng zhèn jì niàn guǎn	抗震紀念館	항진기념관
쿵리	孔鲤	kǒng lǐ	孔鯉	공리
쿵린	孔林	kǒng lín	孔林	공림
쿵먀오	孔庙	kǒng miào	孔廟	공묘
쿵지	孔伋	kǒng jí	孔伋	공급
쿵푸	孔府	kǒng fǔ	孔府	공부
타이링	泰陵	tài líng	泰陵	태릉
타이위안	太原	tài yuán	太原	태원
탕산	唐山	táng shān	唐山	당산
투린	土林	tǔ lín	土林	토림
톈샤디이관	天下第一关	tiānxià dì yī guān	天下第一關	천하제일관
파이러우	牌楼	pái lóu	牌樓	패루
퍄오하오	票号	piào hào	票號	표호
푸퉈쭝청즈먀오	普陀宗乘之庙	pǔ tuó zōng chéng zhī miào	普陀宗乘之廟	보타종승지묘
핑야오	平遥	píng yáo	平遙	평요
핑야오구청	平遥古城	píng yáo gǔ chéng	平遙古城	평요고성
허베이	河北	hé běi	河北	하북
헝산	恒山	héng shān	恆山	항산
화옌쓰	华严寺	huá yán sì	華嚴寺	화엄사
황타이지	皇太极	huáng tài jí	皇太極	황태극
후루다오	葫芦岛	hú lu dǎo	葫蘆島	호로도
후진타오	胡锦涛	hú jǐn tāo	胡錦濤	호금도
훠산췬	火山群	huǒ shān qún	火山羣	화산군

| 저자 약력 |

신 사 명

　1976년 서울 출생으로 명지대 문예창작학과 및 동국대 국문학과 석사 졸업 후 2002년 중국으로 건너와 중앙민족대학에서 2006년 <한중대중문화 비교연구>로 박사학위를 받았다.

　2004년부터 베이징어언대, 동국대, 중앙민족대에서 강의를 했으며 현재 대외경제무역대학 한국어학과 외국인 교수로 한국어를 가르치고 있다. 2006년 <펜문학> 소설 신인상으로 등단, 소설집 《샹그릴라로의 시간여행》, 《체스 앤 키친》(전자책) 등이 있고, 한국어 교재 《고급한국어》(상)(하), 《한국어회화사전》, 《외국인을 위한 한국역사의 이해》 등이 있으며 중국어 교재 《속달 중급중국어》(인터북스, 2020)를 출간하였다.

중 국 역 사 문 화 기 행
아이들과 발견한 중국

초판 인쇄 2021년 10월 18일
초판 발행 2021년 10월 25일

지 은 이 | 신 사 명
펴 낸 이 | 하 운 근
펴 낸 곳 | 學古房

주   소 | 경기도 고양시 덕양구 통일로 140 삼송테크노밸리 A동 B224
전   화 | (02)353-9908 편집부(02)356-9903
팩   스 | (02)6959-8234
홈페이지 | http://hakgobang.co.kr/
전자우편 | hakgobang@naver.com, hakgobang@chol.com
등록번호 | 제311-1994-000001호

ISBN 979-11-6586-416-3 03910

값 : 18,000원